Josef Althaus
Das sind unsere besten Jahre

PIPER

Zu diesem Buch

Wissen Sie, dass Kinder die Gefühle ihrer Eltern wie Farben von ihren Gesichtern ablesen können? Dass schon das Neugeborene Sicherheit und Unsicherheit im Verhalten der Eltern wahrnimmt? Gerade unbewusste Ängste und Sorgen übertragen wir deshalb oft, ohne es zu wollen, auf unsere Kinder. Josef Althaus' Buch steht verunsicherten Eltern mit fundierten Ratschlägen aus dem Praxisalltag zur Seite. Es speist sich aus Althaus' jahrzehntelanger Erfahrung als Kinderarzt und Psychotherapeut. Auf verständnisvolle und einfühlsame Weise wird gezeigt, wie Eltern es schaffen, ihre Unsicherheiten zu überwinden, sich auf ihre Stärken zu besinnen und den Kindern ein verlässliches Vorbild zu sein – ganz ohne enges Regelwerk oder strenge Erziehungstechniken. Denn Kinder schenken uns schließlich eine besondere Chance zu reifen, uns selbst zu erkennen und mutiger zu werden.

Dr. Josef Althaus, geboren 1949, praktiziert als Kinderarzt und Psychotherapeut in Lübeck. Er ist Gründungsmitglied des Kinderschutzzentrums Lübeck und lehrt an der Akademie der Ärztekammer Schleswig-Holstein Psychosomatik im Kindesalter.

Josef Althaus

Das sind unsere besten Jahre

**41 Ermutigungen für Eltern
aus der Kinderarztpraxis**

Piper München Zürich

Mehr über unsere Autoren und Bücher:
www.piper.de

 MIX
Papier aus verantwor-
tungsvollen Quellen
FSC® C083411

Ungekürzte Taschenbuchausgabe
Piper Verlag GmbH, München
November 2014
© 2013 by Lardon Media AG, Hamburg & Berlin
Alle Rechte vorbehalten
Umschlaggestaltung: semper smile, München
Umschlagabbildung: plainpicture/Erickson, shutterstock/BMJ
Satz: Lardon Media GmbH
Gesetzt aus der Adobe Garamond Pro
Papier: Munken Print von Arctic Paper Munkedals AB, Schweden
Druck und Bindung: CPI books GmbH, Leck
Printed in Germany   ISBN 978-3-492-30657-7

INHALTSVERZEICHNIS

VORWORT

Die Klage »Ich muss meinem Kind alles zehnmal sagen!« beweist, dass das Kind bis zehn mitzählen kann.

Kinder merken mehr, als Eltern sich träumen lassen. Denn zehnmal sagen bedeutet für sie, dass es die ersten neun Male nicht ernst gemeint war. Kinder können zwischen den Zeilen lesen. Sie riechen den Braten und mögen nichts anbrennen lassen.

Ihre Spürnasen sind unbestechlich. Wenn Eltern diesen Spürnasen folgen, werden sie selber zum Entdecker – und zum Gefährten der Fährtenleser.

Ist man einmal auf der richtigen Spur, so lassen sich überraschende Antworten finden auf Fragen, die sich immer wieder stellen.

Weil das Zusammenleben mit Kindern oft wenig Zeit lässt, sich in Lektüre zu vertiefen, bietet dieses

Buch seine Themen in mehr oder weniger kurzen, eigenständigen Kapiteln an, auch wenn alles immer »irgendwie« zusammenhängt. Es sind Themen aus der kinder- und jugendärztlichen Sprechstunde. Sie enthalten Gedanken und Erfahrungen, die Eltern ermutigt haben. Wie im Kabarett endet dabei mancher Gedankengang in einem befreienden Lachen, befreit vom Zwang, auf der falschen Fährte zu bleiben. Wer über sich selbst lachen kann, wird sich seiner selbst bewusst – und selbstbewusst genug, etwas zu ändern. Wann könnten wir offener, mutiger und bereiter dazu sein, als in der Sorge um das Glück unserer Kinder? Wie glücklich können Erinnerungen sein, wenn sie einst erlauben, zu sagen: das waren unsere besten Jahre – wir haben sie genossen.

1
Raus mit der Sprache!
Vom Segen der Sackgasse

Eltern sind selbst Kinder gewesen. Ihr Erwachsensein
enthält die Spuren der eigenen Erziehung; in ihrer
Lebensgestaltung finden diese Spuren sich wieder,
meist unbemerkt, bisweilen vorsätzlich. Der eine
will es seinen Eltern nachtun, der andere probiert in
allem genau das Gegenteil. Unübersehbar aber werden diese Spuren, wenn eigene Kinder kommen und
eigene Erziehungsideale gefragt sind. Da beginnt
Selbsterfahrung. Da taut der Altschnee, kommt Ver-
gessenes, Verleugnetes, Verdrängtes wie eine Dach-
lawine ins Rutschen, da fallen Standpunkte und
Selbstbilder wie auf Glatteis in sich zusammen.
Nichts führt unmittelbarer auf das eigene Ich als das
eigene Kind. Die Geburt eines Kindes bedeutet auch
eine psychische Neugeburt der Eltern. Dies mag wie
eine Last erscheinen, und natürlich belastet es; nicht

zuletzt bringt ein Neugeborenes eine gravierende Form des Schlafentzuges mit sich. Aber es ist – viel wichtiger – eine Chance, die (fast) nur bekommt, wer Kinder bekommt. Es gibt keine bessere Motivation, Problemen nicht auszuweichen, sich nichts vorzumachen, an Illusionen nicht kleben zu bleiben, Herausforderungen anzunehmen, Gefühle zuzulassen – kurzum, sich selbst zu erkennen: die eigenen Angst- und Unzulänglichkeitsgefühle, das Vermeidenwollen und Fliehenwollen, das eigene Kämpfen und Resignieren, die eigenen Bedürfnisse und Opfer. Ein heilsamer Zwang zur Selbsterkenntnis.

Kinder konfrontieren uns auf die direkteste Weise mit den uns anhaftenden Spuren. Wofür schlägt mein Herz? Auf welche innere Stimme höre ich? Kinder helfen uns, zu merken, was wir bisher nicht gemerkt haben, nicht merken mussten, weil wir Eltern hatten, aber noch keine waren. Eltern zu werden, bedeutet darum, selbst ein Stück erwachsener zu werden, die eigenen kindlichen Bedürfnisse und Erfahrungen, die eigene kindliche Identifikation ans Licht zu holen. Wer sich als Opfer kindlicher Wünsche sieht, selbstvergessen dem Kind stets nachgibt, im Zweifelsfall lieber erduldet als fordert, der könnte *das alte Kind* in sich entdecken: »Ich musste mich immer unterordnen«, »Ich konnte nie etwas recht machen«, »Ich war schon immer ängstlich«. So verdreht es klingen mag: Eltern, die selbst noch bedürftig sind, haben es schwerer, die Bedürfnisse ihres Kindes wahrzunehmen. Und in kindlicher Identifikation verhalten sie sich ihren Kindern gegenüber sogar nach dem gleichen Muster wie gegenüber den eigenen Eltern: zuwendungsbedürftig, duldsam, opferbereit, nachgiebig, selbstvergessen, harmoniebedacht, aber in ihrer Elternrolle doch unterschwellig fordernd.

Auch am Arbeitsplatz dürfte man damit Probleme bekommen. Aber hier bieten sich genügend entlastende Erklärungen: Der Chef ist unmöglich, die Kollegen sind so rücksichtslos, die Zeiten so schwierig. Kinder aber sind nicht rücksichtslos und schwierig und unmöglich. Sie fordern dazu auf, nach anderen Gründen zu suchen. Es sagt sich zu leicht vom Kind: Es hatte gar keinen Grund, so frech zu sein. Die Wahrheit ist, dass Eltern den Grund eben auch bei sich suchen müssen, aber nicht von heute auf morgen finden werden.

> **» Beständigkeit ist oft nur die Furcht, schwach zu erscheinen, wenn man seine Meinung ändert. « (Alberto Moravia)**

Der erste Schritt ist der schwerste. Das Neue lockt nicht. Im Vertrauten, auch wenn es kneift, kennen wir uns aus, fühlen wir uns sicherer. Die übliche Antwort in einer Krise ist: *mehr desselben.* Wie beim Helfen: Ausbleibender Erfolg verstärkt die Hilfeleistung, obwohl durch Hilfe nichts besser wurde. Wer als einziges Werkzeug einen Hammer hat, für den ist jedes Problem ein Nagel.

Die Tochter eines Ordnungsfanatikers, die sich genervt geschworen hat, niemals an einen Partner mit den Eigenschaften des Vaters zu geraten, stellt vielleicht im Laufe ihrer Ehe fest, dass sie in den Armen eines Pedanten gelandet ist. Das Muster, das sie in Anpassung an ihren Vater entwickelt hatte, war ihr vertraut, gab ihr Selbstsicherheit. So wie ihr Männer mit anderen Mustern fremd und unvertraut erschienen. Nur das Vertraute gibt Sicherheit. Sie hatte das vertraute Muster unbewusst erkannt, bevor sich Jahre später die Wiederholung offenbarte.

Es ist wie beim Befahren einer Sackgasse: Das Schild hat man übersehen, es fährt sich wie auf der vermeintlichen Hauptstraße. Dann wird der Richtungsverkehr immer dünner, der Gegenverkehr stärker. Man stutzt; hier stimmt doch was nicht. Aber was? Umkehren? Und wenn es doch weitergeht? So schnell gibt man den eingeschlagenen Weg nicht auf. Natürlich ist man unsicher, hat man sich vorher schon mal verfahren. Je weiter man aber fährt, desto schwieriger fällt der Gedanke an Umkehr. Das Erreichte, das für richtig Gehaltene lässt man nicht so schnell los. Erst am Ende der Sackgasse ist die richtige Richtung klar. Hatte man es nicht schon geahnt? Hätte man sich das letzte Stück nicht sparen können? Eben nicht. Für eine Richtungsänderung, für eine Umkehr bedarf es guter, klarer Gründe. Wie bei einer *Krise*: Erst der Höhepunkt, erst das Ende der Sackgasse ist auch der Wendepunkt. Der Preis der sicheren Entscheidung ist der Irrweg, der Irrtum. Das Ende einer Sackgasse ist der Ort großer Klarheit, großer Enttäuschung und großer Hoffnung.

Wer unwissend den falschen Weg einschlägt, tut es doch in bester Absicht.

Auch bei der Erziehung geht niemand den falschen Weg in böser Absicht, sondern guten Glaubens. Muss nicht eine Richtungsänderung zunächst wie die Aufgabe guter Absichten erscheinen? Um dann schließlich doch Gelegenheit zu sein, es besser zu machen, weil man das Beste will.

> » *Die Schwierigkeit liegt nicht darin,*
> *die neuen Ideen zu finden, sondern darin,*
> *die alten loszuwerden.* « *(John M. Keynes)*

Kinder bringen Eltern immer wieder in schwierige Situationen. Als Werkzeug, Probleme zu meistern, reicht ein Hammer nicht; Eltern müssen sich eine Werkstatt einrichten. Es ist noch kein Meister vom Himmel gefallen, und eine bessere Ausbildung als mit Kindern gibt es nicht. Wenn der Altschnee ins Tauen kommt und die eigenen unbewussten Motivationen aus dem Oberstübchen vor die Füße fallen, dann werden diese erkennbar, sind *zur Rede gestellt* und werden idealerweise *zur Sprache gebracht*. Weniger den Kindern als den Eltern gilt so die Aufforderung: Raus mit der Sprache! Sprecht über eure Probleme, eure Sackgassen und Irrwege. Dafür sollte auch die Sprechstunde beim Kinderarzt offen sein. Ohne Kinder bleibt einem eventuell nur der Gang zum Paartherapeuten.

Roberto Assagioli, ein Pionier der Psychiatrie und Psychotherapie, sagt es so: »Geschieht etwas zur rechten Zeit, nennen wir es Erziehung; geschieht etwas zu spät, nennen wir es Therapie.«

Kinder lassen einem weniger Zeit, erwachsen zu werden. Sie verkürzen den Weg zu Ausreden, sie verstellen das Ausweichen, Sie gestalten die Landkarte neu:

Der kürzeste Weg ist der Umweg.

2
Sollen wir den Kindergarten wechseln?
Vom Vorbild der Eltern

Die Frage, wie sehr menschliches Verhalten angeboren oder erlernt ist, bewegt Forschergenerationen und erfuhr manch einseitige Auslegung. »Das hat er von der Patentante« wollte genauso schlüssig erscheinen wie die Behauptung, Geschlechtsunterschiede ließen sich durch neutrales Spielzeug verwischen. Bestimmen die Gene, wie ausgeprägt Heimweh erscheint? Gibt ein schlechtes Milieu keine positiven Chancen? Wenig überraschend ist die Erkenntnis, dass das Zusammenspiel von angeborenen und Umgebungsfaktoren entscheidend ist. Die moderne epigenetische Forschung über die An- und Abschaltbarkeit von Genen kann die Plausibilität dieser eigentlich vertrauten Erfahrung neu belegen. Unzweifelhaft wird die Entwicklung eines Kindes bestimmt durch seine angeborenen Fähigkeiten, durch Reifung und durch die Erfahrungen, die es mit seiner Umwelt macht. Bei den Schildkröten ist das anders. Da vergräbt die Mama die Eier im Sand und wird nicht mehr gesehen. Mit der Eiablage hat sie ihre Aufgabe durch Weitergabe der Instinkte erfüllt: Rennen und Schwimmen, Fressen und Wachsen. Von Generation zu Generation wiederholt sich das – ein uraltes Betriebssystem, solide Hardware mit überschaubaren Anwendungen. Die Schildkröteneltern werden nicht mehr gebraucht.

Beim Menschenkind reichen die Instinkte nicht. Es braucht seine Eltern, um sich neuen Erfordernissen anzupassen, die sich von einer Generation zur nächsten ändern können: Stadt oder Steppe, Deutsch oder Dänisch. Der neugeborene Mensch ist dafür bestens vorbereitet, seine »Festplatte« im Gehirn hat eine riesige Kapazität, ist aber anfällig und wartungsintensiv. Säuglinge passen sich ab dem ersten Tag an; sie halten alle Angebote, alle Eindrücke und Erfahrungen für nützlich und einprägenswert. So bestimmt das Verhalten der Eltern, besonders der Mütter, vom ersten Tag an die Entwicklung des Kindes mit – im Guten wie im Schlechten, im Mitlallen oder Schweigen, im Lächeln oder Wegschauen.

Beim Menschenkind wirkt die Umgebung sogar schon während der Schwangerschaft ein. Über die Hormone der Mutter und später über die Sinne nimmt das Baby Informationen auf. Stress der Mutter in der Schwangerschaft wie in den ersten Lebensmonaten bedeutet deshalb, dass sich das Baby an

Stress anpassen muss. Diese Stressanpassung bleibt wie ein Gedächtnis bestehen und macht für Stress anfälliger. Das kann sich dann später in geringerer Belastbarkeit, z. B. mit verstärkter Ängstlichkeit oder Aggression zeigen. Und umgekehrt wird eine von der Mutter entspannt und glücklich erlebte Schwangerschaft beim Kind Stresstoleranz und Ausgeglichenheit fördern. Nun wird auch dieses Kind nicht immer frei von Ängsten sein, aber doch über eine bessere Einstellung dazu verfügen, weniger anfällig sein, leichter mit Ängsten umgehen, schneller damit fertig werden. Es wird bei der ersten Klassenfahrt nicht frei von Heimweh sein, aber es wird nicht abgeholt werden müssen. Jedes Kind ist anders. Beim anfälligen Kind läuft das Fass schneller über.

Die belastende Situation ist nur der Auslöser, nicht die Ursache. Ganz ohne Heimweh werden die Klassenkameraden nämlich auch nicht sein. Dass sie weniger empfindlich sind, bedeutet nun nicht immer, dass ihre Mütter in der Schwangerschaft glücklicher waren. Der Einfluss der Eltern bleibt auch nach der Schwangerschaft wirksam – unbewusst und oft unbeabsichtigt. Ein Kind *verinnerlicht* den Einfluss ständig. Im Guten wie im Schlechten. So funktioniert das Lernen. Der Satz »Ängstliche Kinder haben ängstliche Eltern« gibt diese Erfahrung wieder. Ein Kind lernt im sozialen Raum, und den teilt es am wirksamsten mit seinen Eltern. Nach einer stressbelasteten Schwangerschaft muss die Stressanfälligkeit eines Kindes deshalb auch nicht ein Leben lang bestehen. Auch wenn die frühen ersten Eindrücke besonders prägend sind, ist die Möglichkeit zur späteren Veränderung durch veränderte Einflüsse und Erfahrungen nicht verbaut.

Je weniger sich Eltern von ihrer eigenen Ängstlichkeit leiten lassen, desto weniger angstbereit wird auch ihr Kind sein. Das macht sich dann im Kindergarten und auf der Klassenfahrt bemerkbar. Denn wichtiger als Kindergärtnerinnen und Lehrer sind Eltern allemal. Darum ist ein Wechsel des Kindergartens oder der Schule oft nicht die Lösung – auch wenn diese Einrichtungen viel falsch machen können.

Je weniger sich Eltern von ihrer eigenen Ängstlichkeit leiten lassen, desto weniger angstbereit wird auch ihr Kind sein.

3
Wer schlafen will, muss fröhlich sein
Von der kindlichen Fähigkeit des Gedankenlesens

Wenn Kinder auf die Welt kommen, verfügen sie schon über Fähigkeiten, die Erwachsene später nur noch rudimentär wahrnehmen oder vergessen haben: das *Gedankenlesen* und das *Gefühlesehen*. Kinder lesen Gedanken wie Worte und erkennen Gefühle wie Farben auf dem Gesicht ihrer Eltern. Sie reagieren manchmal schlagartig, wenn sich Eltern anspannen oder entspannen. Erwachsene können sich gegenseitig etwas vormachen, können sich Dinge ein- oder ausreden. Kinder – je jünger, desto mehr – nehmen unverfärbt wahr, unverstellt, unvoreingenommen, intuitiv. Sie nehmen die Atmosphäre wahr, aus dem Bauch heraus, so als hätten sie einen siebten Sinn für gute Stimmung und dicke Luft.

Mütter kennen das: Stundenlang haben sie sich mit einem unzufriedenen Säugling beschäftigt, »alles andere sausen lassen«, »alles versucht« und sich doch ob seiner anhaltenden Unruhe, seiner Schreierei immer hilfloser und genervter gefühlt. Und dann kommt der Papa nach Hause, erwartungsfroh, nimmt das Baby auf den Arm und es ist wie verwandelt – es lächelt und gluckst. Und der Papa muss sich ungläubig anhören, wie anstrengend die letzten Stunden waren. Die Erklärung ist einfach, wenn man dem Baby Einfühlungsvermögen zutraut. Und die Rollen von Mama und Papa sind natürlich austauschbar. Das Baby hat die zunehmende Anspannung des einen und die freudige Entspannung des anderen Elternteils unmittelbar wahrgenommen. So unmittelbar, dass man es nicht glauben mag und sich stattdessen einen Kopf über alle möglichen anderen Erklärungen macht. »Das sind die Zähnchen«, »Der brütet was aus«, »Der mag mich nicht«. Wer beruhigen will, muss ruhig sein.

Besorgnis und Ängste wie auch Freude und Stolz haben ihre eigenen Zeichen und Farben.

Im Urlaub schlafen Kinder problemlos im Familienzelt trotz Camping-Disco ein. Zuhause müssen sich Eltern akribisch auf Schleichwegen um knarrende Fußbodendielen bewegen. Ist es zu gewagt, zu behaupten, dass Kinder im Urlaub den entspannten Umgang ihrer Eltern mit dem Thema Schlaf wahrnehmen und höchstens ein Zahn Probleme machen könnte? In der Schulzeit aber tickt die Uhr. Wer nicht genügend Schlaf bekommt, ist den Herausforderungen des nächsten Tages nicht gewachsen. Besorgnis schleicht sich ein, Besorgnis, die ein Kind wahrnimmt. Und die es sich zueigen macht: Hat der Uhrzeiger das gesetzte Limit überschritten (»Um halb zehn musst du eingeschlafen sein«), dann ist alles zu spät, dann ist die Katastrophe vorprogrammiert. Wer sollte da noch entspannt einschlafen können?

Bei allem Respekt vor Ritualen, die die Kinder langsam zur Ruhe kommen lassen, kann es manchmal sinnvoller sein, sich noch mal richtig auszutoben und dann *fertig* fürs Bett zu sein. Richtig laut ist mitunter besser als kleinlaut.

»Wer schaffen will, muss fröhlich sein« – dieses Fontane-Wort ist für den nächsten Tag sicher bekömmlicher als ein Zeitplan.

> **Manchmal kann es sinnvoller sein, sich noch mal richtig auszutoben und dann fertig fürs Bett zu sein. Richtig laut ist mitunter besser als kleinlaut.**

4
Sorgt euch nicht!
Vom Planen, Hoffen, Wünschen

Kinder sind immer auch eine *Konstruktion* im Kopf ihrer Eltern. Schon das Ureigenste, der Name, verweist auf das »Programm« jener, die ihn vergaben: »In seinen Kindern malt sich der Mensch«. Eltern haben eine bestimmte Vorstellung, wie ihr Kind sein und wie es sich verhalten soll, was aus ihm werden soll. Vor allem auch, was es nicht erleben und nicht erleiden soll. Diese Fantasie läuft im Hintergrund immer mit. Dabei sind sich die Eltern dessen selten bewusst. Sie stellen sich auch kaum vor, dass ihre Kinder das unbewusst merken und daher versuchen, diesen Vorstellungen gerecht zu werden.

Welche Fantasien Eltern haben, kann man in Geschwisterreihen gut erkennen. Das erste Kind z. B. stiftet eine Ehe, das letzte Kind rettet sie womöglich.

Das erste Kind sonnt sich friedlich und entspannt in den glücklichen Mienen seiner Eltern, das letzte erlebt seine Eltern besonders besorgt, gerade weil diese mit ihm die besondere Bedeutung verbunden haben, etwas Wichtiges für die Ehe zu tun. Diesem Kind ist eine Aufgabe mitgegeben. Und es mag wunderlich klingen, dass das Kind diese Last spürt. Aber es ist äußerst nützlich, dem Kind genau dies zuzutrauen.

Die besondere elterliche Sorge kann mit der Besonderheit eines Kindes begründet sein; aber so ist es nicht immer. Genauso plausibel übertragen Eltern ihre eigenen besonderen Ängste und Sorgen auf ein Kind. Dieses spürt dann die Besorgnis. Die besondere Besorgnis sagt dem Kind: »Ich bin jemand, um den man sich Sorgen machen muss.« Es ist sogar nicht ausgeschlossen, dass dieses Kind dann nicht nur um sich, sondern auch um den ängstlichen Vater oder die ängstliche Mutter besorgt ist. Dem kindlichen Spürgenie entgeht keine Sorgenmiene. Jedoch kann es einen Störsender nicht vom richtigen Programm unterscheiden. Somit werden auch Geheimaufträge erledigt, nämlich die unbewusste Botschaft.

Wie tröstlich, dass ein Kind genauso präzise die Unbesorgtheit erkennt und das Lachen genießt. Wie erleichtert und richtig darf ein Kind sich fühlen, wenn es nicht im Zentrum besonderer elterlicher Sorge steht. Wenn es keine Verantwortung für die Eheprobleme seiner Eltern spüren muss. Unbesorgte und gelassene Eltern schenken dem Kind das Gefühl der eigenen Richtigkeit.

Die moderne Säuglingsforschung spricht vom *konstruierten* Kind, das sogar bereits vor der Empfängnis im Kopf, in der Fantasie seiner Eltern entsteht.

Wie bedeutend die Vorstellungen und Fantasien der Eltern sind, kann man in einigen Beispielen ahnen. Man denke an Kinder, die ein verstorbenes Kind ersetzen, dessen Verlust so nachwirkt, dass das Kind nicht in seiner eigenen Haut groß wird. Wenn sie Karrierewünsche der Eltern stellvertretend erfüllen sollen. Wenn sie zur kleinen Prinzessin oder zum großen Helden gedacht werden. Und auch, wenn sie vergöttert oder als Störenfried und Bösewicht verteufelt werden. Wenn eine Mutter eine Schwangerschaftsunterbrechung erwogen und dann doch nicht hat durchführen lassen, wäre es nicht einfühlbar, dass sie mit Schuldgefühl reagiert und dann später eine umso größere Innigkeit mit ihrem Kind erlebt? Und dass sie große Schwierigkeiten hat, ihrem Kind überhaupt »Nein« zu sagen, um den Gedanken an eine Ablehnung, an das frühe, existenzielle »Nein« überhaupt nie mehr aufkommen zu lassen?

Den Eltern sind ihre Konstruktionen meist wenig bewusst. Und diese müssen die Entwicklung des Kindes und den Umgang miteinander nicht zwangsläufig beeinträchtigen. Wir alle leben damit. Das Planen, Hoffen und Wünschen, kurzum der Sinn, den Eltern ihren Kindern geben, das alles verwirklicht sich in den Erziehungs- und Kommunikationshaltungen bereits ab den ersten Lebensmonaten.

Aber wie mit allen Erwartungen, so können Eltern auch mit unbewussten Erwartungen und Vorstellungen ihre Kinder überfordern. Und vertrackterweise gelingt es leicht, für auffälliges Verhalten von Kindern andere Begründungen zu finden. Das erschwert es den Eltern, auf sich selbst und ihre heimlichen Erwartungen zu schauen und ihre Fantasien und Erziehungsprinzipien zu überprüfen.

Johann Wolfgang von Goethe drückt es gebührend genial so aus: »Es würden erzogene Kinder geboren, wenn wir erzogene Eltern hätten.«

Welche Fantasien Eltern für ihre Kinder haben, kann man in Geschwisterreihen gut erkennen. Das erste Kind z. B. stiftet eine Ehe, das letzte Kind rettet sie womöglich.

5

Was man nicht merkt,
kann man nicht lassen

Von Selbsterkenntnis und Gelassenheit

Kinder werden nicht nur von den Eltern erzogen. Immer wenn Kinder auf Erwachsene treffen, findet Erziehung statt. Kinder sehen zu Erwachsenen auf, wollen lernen und verstehen. Erziehung geschieht immer in der Beziehung. Bei dem einen Lehrer herrscht ein qualvolles Nebeneinander, bei dem anderen ein aufmerksames Miteinander. Die Schüler merken, was geht und was nicht geht. Dafür brauchen sie keine Kenntnis in Psychologie.

Gerade die Jüngsten, gar die Babys, besitzen eine untrügliche Fähigkeit des Merkens; ihr Lernprogramm arbeitet intuitiv und zuverlässig. Sie verknüpfen alle Wahrnehmungen und Erfahrungen, machen sich

einen Reim darauf, bringen sie unter einen Hut –
und handeln danach.

Handlungen und Verhalten eines Kindes sind Ausdruck dessen, was es gelernt und sich gemerkt hat.
Es zeigt, wie die Botschaft der Eltern bei ihm angekommen ist. Und wie man bei schlechten Botschaften nicht den Boten strafen soll, so müssen sich auch
Eltern bei scheinbar unbotmäßigen Kindern zügeln.
Wie schnell sagt sich: »Es gab überhaupt keinen
Grund, beleidigt zu sein.« Aber sinnvoller wäre es,
die Frage zu stellen, was hat mein Kind gemerkt, was
ich nicht bemerkt habe, um so beleidigt zu sein? Was
ist beim Kind ganz anders angekommen, als beab-
sichtigt wurde? Was hat das Kind Hintergründiges
gespürt? Das *Hintergründige* ist nämlich oft das, was
die Eltern eigentlich *beseelt*: ihre Wünsche und Ängste, ihre Hoffnungen und Befürchtungen, ihre Erfolge
und ihre Wunden. Ihr Ärger, den sie glauben verber-
gen zu können, ihre Enttäuschung, die sie sich nicht
anmerken lassen wollen, ihr Misstrauen, dass sie sich
nicht gestatten wollen. Ihre Hilflosigkeit in der Rat-
geberflut, ihr Stolz auf pädagogisches Halbwissen.

Dieses Hintergründige färbt das Erziehungsverhalten von Eltern in der Regel mit, ohne dass sie sich
dessen bewusst sind. Es zeigt sich im Nicht-wirklich-
ernst-Meinen, im spielerischen Vermitteln, im ständigen Wiederholen, im Besonders-gut-Meinen, im
Tränen-Verhindern, im Alles-erklären-Wollen und
Verschweigen-Müssen. Typischerweise findet sich
das Hintergründige auch in der Rollenaufteilung von

Mutter und Vater. Die Mutter müsse ja so nachgiebig sein, weil der Vater so streng sei. Und der antwortet natürlich, dass er so streng sein müsse, weil ja die Mutter so weich sei. Die Rollen sind festgelegt, die Mutter führt den Honigpinsel, der Vater gibt den Henker. Eine günstige Gelegenheit für Eltern, das Merken gemeinsam zu üben, nachdenklich zu werden, das eingefahrene Muster zu verlassen.

Durch Achtsamkeit und Nachdenklichkeit kann man aus dem Verhalten der Kinder lernen, bei sich selbst bisher Unbemerktes zu bemerken. Und nur wenn man etwas merkt, kann man darauf Einfluss nehmen. *Nach*denklichkeit erlaubt, auf *Vor*eingenommenheit zu verzichten. Dann ist oft kein Rat mehr nötig. Man merkt es immer öfter, immer schneller. Und irgendwann rechtzeitig. Vielleicht ist man über sich selbst erschrocken, vielleicht beschämt. Aber dann hat man die Wahl, es mal anders zu machen, es mal zu lassen. Am schönsten ist ein befreiendes Lachen über sich selbst. Lachen und Gelassenheit sind immer auch Zeichen von Selbstvertrauen. Und genau dafür sind Eltern bestimmt gerne Vorbild.

Erkenne dich selbst, und du wirst dich im Verhalten deiner Kinder wiedererkennen. Erkenne dich selbst, und du wirst erkennen, wie klug deine Kinder sind. Glückliche Eltern haben wohl glückliche Kinder.

**Erkenne dich selbst, und du wirst erkennen,
wie klug deine Kinder sind.**

6
Besser elastisch als perfekt
Von der frühen Bindung

Wie bei jungen Kätzchen, die vorsichtig ihre Erkundungskreise erweitern und bei Irritationen flugs in den sicheren Hort der Katzenmutter zurückeilen, gibt es nach der *Bindungstheorie* auch beim Menschen ein biologisch angelegtes System, das Kinder bei Gefahr Schutz bei der Bindungsperson suchen lässt. Wer die Welt erkunden will, braucht einen sicheren Ausgangspunkt. Bevor ein Menschenjunges seine Kreise zieht, erfährt es diese Sicherheit in den Gegebenheiten der Säuglingszeit. Ist jemand zuverlässig für mich da, wenn ich missgelaunt bin, müde bin, Schmerzen habe, und überhaupt, ist jemand da, auf den ich bauen kann, der mich versteht, sich in mich einfühlen kann, den ich richtig einschätzen kann?

Wenn alles passt, spricht man von einer *sicheren Bindung*. Daneben gibt es *unsichere und chaotische Bindungsmuster*. In raffinierten Untersuchungen am Ende des ersten Lebensjahres wurde die Reaktion des Kindes auf Trennung von der Mutter und auf ihre Rückkehr beobachtet sowie auch das Verhalten gegenüber einer anwesenden fremden Person. Es ließ sich eine relativ konstante Verteilung der Bindungsmuster nachweisen; überwiegend zeigte sich dabei eine sichere Bindung. Verblüffend und bedeutend ist, dass die Kinder dabei mit den Bindungsmustern ihrer Mütter in hohem Maße übereinstimmten. Hatte eine Mutter in ihrer Kindheit eine sichere Bindung erfahren, dann war die Chance groß, genau diese an ihr Kind weiterzugeben.

Menschen mit sicherer Bindung tun sich leichter. Natürlich können auch Menschen mit einer chaotischen Bindung erfolgreiche Erwachsene werden. Wahrscheinlich aber werden sie größere Probleme z. B. in der Partnerschaft haben.

Sichere Bindung ist keinesfalls gleichzusetzen mit enger Bindung. Enge kann sogar Stress bedeuten; das ist im Erwachsenenleben nicht anders. Sicherheit bedeutet das rechte Wort, das rechte Lächeln, die rechte Tat, die rechte Menge zur rechten Zeit. Am einfachsten: *Reinen Herzens sein*, sich selbst als Eltern sicher und recht empfinden. Da ist es natürlich hilfreich, selbst sicher gebunden zu sein.

Was eine sichere Bindung auf keinen Fall einfordert, ist Perfektion.

Denn auch bei der sicheren Bindung laufen die Kontakte nicht immer im sicheren Einvernehmen ab, stimmen Säugling und Mutter in Bedürfnis und Einschätzung nicht zu 100 Prozent überein. Es holpert sich zurecht, findet sich. Das System reagiert *elastisch*. Wichtig ist die verfügbare Gegenseitigkeit, die dem Säugling zeigt, dass er Einfluss nehmen kann, *wirkmächtig* ist. So gewinnt er Selbstvertrauen. Nicht mit einer perfekten Mutter, sondern mit einer präsenten Mutter, mit einer lächelnden Mutter, mit einer einfühlsamen Mutter, die sich einigermaßen vorhersehbar verhält. Das Ideal der perfekten Mutter ist von der Natur nicht vorgesehen. Vielmehr hat die Natur Platz für eine verträgliche Fehlerquote eingeplant.

Perfekte Eltern würden ihre Kinder auf eine reichlich unperfekte Welt mit ihren nicht perfekten Menschen schlecht vorbereiten können. Dagegen fördern nicht perfekte Eltern indirekt die Elastizität ihrer Kinder, die Fähigkeit, mit unerfüllten Wünschen fertig zu werden. Psychologen nennen das *Resilienz* und meinen damit eine elastische Widerstandsfähigkeit. Je geborgener, je akzeptierter, je ermutigter durch seine Bezugsperson ein Kind sich fühlt, umso sicherer entwickelt sich sein Zutrauen in seine Überlebenskräfte. Es gibt viele ergreifende Beispiele von Kindern, die ein schweres Schicksal gemeistert haben, die immer wieder an sich glauben durften, weil eine Mutter, ein Vater, ein Freund, Pflege- oder Adoptiveltern oder ein Lehrer an sie glaubten, Menschen, die nicht perfekter waren als andere.

Das Ideal der perfekten Mutter ist von der Natur nicht vorgesehen.

7

Ich möchte so gern in euer Bett
Von Regeln, Ausnahmen und
Konsequenz

Ein Thema, bei dem es auch um Perfektion geht, heißt *Konsequenz*.

Viele Eltern gestehen sich bei Problemen mit den Kindern selbst ein: Ich muss mehr Grenzen setzen, ich muss konsequenter sein. Seien es die Nächte, sei es beim Trödeln und beim Aufräumen – diese Eltern fühlen sich hin- und hergerissen: Stur bleiben und das Kind im Pyjama in den Kindergarten gehen lassen oder sich selber krankmelden und stundenlang warten, bis das Kind sich anzieht? Oder nachgeben und sich wieder erpressen lassen, dem Kind beim Anziehen zu helfen? Die Lage ist oft unübersichtlich.

Je höher ein Ideal gehängt wird, je unsicherer sich Menschen fühlen, je größer die Angst wird, etwas falsch zu machen, um so dringender ist das Bedürfnis nach festen, gültigen, absichernden Regeln oder gar Vorschriften. Einem Kind müssen Eltern schon etwas mehr bieten. Jeder Tag und jede Situation sind anders. Und jede Mutter und jeder Vater sind anders. Ansonsten gäbe es längst Erziehungsautomaten.

Jede Situation kann eine Ausnahme von der Regel sein. Konsequent handeln heißt nicht, stur nach einem vorgegebenen Ablauf handeln, sondern folgerichtig handeln, der immer neuen Situation gemäß. Regeln, die keine Ausnahme zulassen, sind wie Gesetze. Bei Übertretung droht Strafe: Time-out, Fernsehverbot, Hausarrest. Harsches Grenzenziehen aus Verlegenheit. Da kommt bitterer Ernst auf. Und die spielerische Leichtigkeit ist dahin, das Lachen ist vergangen. Hilfreich und gleichzeitig viel charmanter ist da doch die Vorstellung eines Schachspiels. Es gibt keinen Zugzwang, sondern nur immer neue Lösungen. Nach festen Regeln. Und die kennen die Erwachsenen am besten. Und die Regeln werden auch nicht jeden Tag neu erfunden.

Eine Regel lautet z. B., das Kind solle in seinem eigenen Bett schlafen. Steinzeitkinder hatten es bestimmt besser, aber heutzutage in Europa ist es nun mal so. In falscher Konsequenz würde das bedeuten, das Kind muss immer in seinem Bett schlafen. Auch bei Krankheit, auch wenn Vater auf Dienstreise ist; und am Sonntagmorgen kuscheln ist auch nicht mehr drin. Das kann nur dem als Lösung erscheinen, der befürchtet, die ganze Hand geben zu müssen, wenn er den kleinen Finger reicht. »Aus, basta, du schläfst immer in deinem Bett« rettet den, der die Diskussionen leid ist. Das passiert aber genau dem, der sich unsicher und zweifelnd zu sehr aufs Diskutieren eingelassen hat, aus Angst, etwas falsch zu machen. »Da lass ich mich erst gar nicht drauf ein« ist ein Rückzug aus der Erziehungsarena. Wie schön zu wissen, dass zu den Regeln die Ausnahmen gehören. Und selbst zehn Ausnahmen in Folge bedeuten nicht, dass sich die Regeln verändert haben. Wenn Eltern das für sich geklärt haben, können sie das auch ihren Kindern klarmachen. Dann nehmen Kinder das nicht übel, sondern zur Kenntnis.

Natürlich wird ein Kind in seiner Unschuld gern probieren, ob daran nicht doch zu rütteln ist. Und bei geringstem Verdacht, eine Chance zu haben, wird das Kind auch darauf bestehen, dass eine Ausnahme eine Regeländerung bedeutet. Eltern, die leicht zu verunsichern sind, geraten dann schon noch mal ins Grübeln. Aber wer um diese Dinge weiß, wer klar ist, der sagt: Nein. Zehn Ausnahmen waren eine tolle Sache, und es wird nie wieder eine Ausnahme geben, wenn du jedes Mal anfängst, die Regeln zu verändern. Die Regeln kenne ich besser.

Bestimmen heißt nicht Befehlen. Auch Polizisten bemühen sich um einen freundlichen Ton, um Regeln durchzusetzen. Ein Kinderzimmer muss auch nicht immer aufgeräumt sein: »Dein Spielzeug kann liegen bleiben, bis ich putzen muss. Nur die Bücher kommen immer zurück ins Regal. Und schmutzige Wäsche sammeln wir im Badezimmer.« Eltern sind Bestimmer. Im Spiel darf es auch anders sein. Da kann jeder mal »matt« ansagen, wenn die Regeln es gestatten. Und gerade im Spiel werden Regeln sehr ernst genommen.

Jeder hat das Bedürfnis nach festen, gültigen, absichernden Regeln; jede Situation kann eine Ausnahme von der Regel sein.

8
Gott sei Dank hat er wenigstens den Fruchtzwerg gegessen
Von der Stimmung am Esstisch

Auch am Esstisch gibt es Regeln und Bestimmer. Die Regeln sind Sache der Erwachsenen. Aber zu bestimmen haben am Tisch auch die Kinder. Jedes Kind darf bestimmen, ob es isst und wie viel es isst. Und die Eltern bestimmen, was wann und wie lange auf den Tisch kommt. Sie wissen von den Vorlieben, bedenken die Wünsche, aber sie sind ebenso verantwortlich für die Qualität. Dafür ist ein Speiseplan nur mit Pizza, Pommes, Nudeln und Pfannkuchen nicht geeignet. Wenn ein Kind auf einen solchen Speiseplan besteht, gilt: Wer nicht will, der hat schon – nächste Mahlzeit 18.00 Uhr.

Da bleibt manch Überraschtem die Spucke weg, zumal, wenn er gewohnt war, durch Verweigerung der angebotenen Mahlzeit die Wunschkost zu erpressen. Nicht wenige Mütter geben gern zu verstehen, dass sie in Sorge um das Gedeihen ihres Sprösslings froh waren, »dass er dann wenigstens einen Fruchtzwerg gegessen hat«. Dieser Erfolgsgeschichte des kleines Erpressers gehen meist endlose Diskussionen, ein Bitten und Flehen (»wenigstens mal probieren«) voraus, endend in der nüchternen Feststellung: »Sonst isst er gar nichts, das hält er stur durch.«

Nun gehört die Nahrungsaufnahme neben Schlaf, Bewegung und Kontakt zu den elementaren Grundbedürfnissen eines Menschen. Da machen kleine Kinder keine Ausnahme. Es ist somit anzunehmen, dass die Chance, am gedeckten Tisch dem Kleinkind beim freiwilligen Verhungern zusehen zu müssen, eher gering ist. Aber irgendetwas ist wohl schiefgelaufen. Offenbar haben Mutter oder Vater sich aufs Glatteis locken lassen und sich den kindlichen Launen ausgeliefert, weil sie an der Selbstverständlichkeit des Nahrungstriebes zweifeln.

Bitten und Flehen machen auf diesem Glatteis alles nur schlimmer. Ein Versuch, sich das Bitten und Flehen zu verkneifen, kann die Lage nicht verschlechtern. Und er ist es wert. Es muss auch nicht gleich Funkstille sein; die Dialoge sollten aber das Ausmaß gewöhnlicher, höflicher Gepflogenheit nicht überschreiten: »Darf ich dir noch was anbieten?« »Möchtest du hiervon noch etwas?«. Nicht anders, wie Eltern sich auch untereinander verständigen. Im Verneinungsfalle wird ebenso freundlich und unkommentiert abgeräumt, niemand wird genötigt. Die eine Stunde später sicher zu erwartende Mitteilung »Ich habe so einen Hunger« sollte dann aber weder mit Wunschkost noch mit dem Angebot, den Tisch ein zweites Mal zu decken, beantwortet werden. Es ist die Stunde des Apfels, der Birne, der Banane, der Apfelsine, der Karotte. Das lässt sich unbesorgt über längere Zeit durchhalten: Ohne Risiko darf sich das Kind mindestens eine Woche ausschließlich von Obst und Gemüse ernähren. Das enthält kein Erpressungspotenzial. Statt »Iss doch endlich«-Stress herrscht freundliche Gelassenheit.

Dann dürfen auch die ersten zaghaften Versuche des Kindes, aus dem Dilemma herauszufinden und eine kleine Kartoffel zu sich zu nehmen, nicht mit einem rechthaberischen »Das hättest du auch früher machen können« zur Beschämung führen. Vielmehr gewährt ein beiläufiges »Heute haust du aber rein« Bewunderung. Aus dem Bestimmen ist ein Zustimmen geworden. Dann ist es stimmig, ohne Befehlston und ohne Kränkung. Die Stimme macht den Ton. Richtig gestimmt beginnt das Orchester. Gut gestimmt erlebt man Gemeinschaft am Esstisch. Ohne bezweifeln zu müssen, dass jeder sich mit gesundem Appetit an den Tisch setzt. Und ohne Angst, es könnte jemand Hungers sterben.

Es ist die Stunde des Apfels, der Birne, der Banane, der Apfelsine, der Karotte.

9
Das bring ich nicht übers Herz
Von Eindeutigkeiten und Zweideutigkeiten

Mit dem Füttern und dem Schlafen gibt es im Säuglingsalter die häufigsten Probleme. Und darum gibt es für diese Themen umfangreiche Anleitungen und Beratungsbücher. Weil es dabei – gerade für junge Eltern – viel zu lernen gibt. Und weil ganz schnell ein Teufelskreis entstehen kann, wenn ratlose und genervte Eltern ihre Babys noch mehr verwirren und noch unpässlicher machen.

Technisch ist in der Regel schnell klar, was zu tun ist. Aber nicht selten hört man: Ich habe alles genauso gemacht wie empfohlen, aber mit null Erfolg; bei meinem Kind klappt das nicht, ich krieg die Kurve nicht. Und diese Eltern befürchten, es mit einem besonders schwierigen Kind, mit einem besonders starken Willen zu tun zu haben.

Viel wahrscheinlicher aber ist, dass das Kind sehr normal ist. Es hat gemerkt, dass etwas nicht gestimmt hat. Und was da nicht gestimmt haben könnte, ist eben, dass Mütter oder Väter zwar »alles richtig« gemacht haben, aber vielleicht *halbherzig* oder gar mit schlechtem Gewissen. Eigentlich widerstrebte es ihnen, weil sie innerlich *eigentlich* nicht so eingestellt waren. Sie empfanden es eher so, als ob sie dem Kind etwas antäten, wenn sie eine Erziehungs*maßnahme* durchführten.

Das Problem ist dann nicht, dass ein Kind eine Botschaft nicht akzeptiert, sondern dass es sie nicht *eindeutig* verstehen kann, weil sie zweideutig von Zwiegespaltenen abgesendet wurde. Das Kind vernimmt die Botschaft, aber es spürt auch den Zweifel und die Verlegenheit der Eltern, es spürt, dass diese nicht *reinen Herzens* sind, dass sie, was der Verstand gebietet, nicht *übers Herz bringen*. So könnte beispielsweise eine berufstätige Mutter *im Herzen bewegen*, dass ihr Kind endlich ein Recht auf die Zeit seiner Mutter habe, und so mag sie nur *schweren Herzens* auf den Schlafregeln bestehen, »weil wir doch so wenig Zeit füreinander haben«. Und sie ist genervt, weil die ersehnte Zeit der Erholung und Entspannung, die Kind und Mutter beide nötig haben, mit stundenlangem Gemaule und Gerenne verrinnt.

Dabei ist das Kind ohne Weiteres bereit, auf eindeutige Vorgaben zu reagieren, zumal, wenn sie seinen Bedürfnissen eigentlich entsprechen. Hat es nicht sogar ein Recht darauf, diese zu erhalten? Wie sonst sollte es zu einem gelungenen Familienleben beitragen können? Wie sonst könnte es vermeiden, Anlass von Verstimmung zu sein? Jedes Kind ist doch darauf angewiesen, es seinen Versorgern recht zu machen, sympathisch zu sein, gemocht zu werden. Denn nur im Schutz der wohlwollenden Eltern kann es überleben. Es möchte seine Eltern nie verstimmen. Und es erwartet, dass die Eltern ihm die dafür wichtigen Informationen geben. Deshalb versucht ein Kind unentwegt, aus den Reaktionen der Eltern die überlebenswichtigen Informationen herauszulesen. Die Taten zählen mehr als die Worte. Und nur wer ganz und gar, aus tiefstem Herzen überzeugt ist, vermag zu überzeugen.

So funktioniert es und so gelingt es, wenn Eltern mit reinem Herzen handeln. Ist die Sicherheit in ihrem Herzen angekommen, haben Eltern ihre erwachsene Rolle verinnerlicht, dann können sie *beherzt* sagen: Ich weiß schon, was für dich gut ist. Und ich mache das, und dann sollst du mal sehen, wie gut es uns danach geht. In dem Moment, in dem die Sicherheit im Herzen der Eltern angekommen ist, nehmen die Kinder sie dann auch als angekommen wahr.

Diese Kinder machen nicht länger »Terror«, sondern mitunter überraschen sie mit einer postwendenden Reaktion. Denn diese Kinder erleben: Mama, du weißt Bescheid, du meinst es gut; dann lass uns das mal so machen.

Und das ist immer eine Erleichterung für die Kinder, auf keinen Fall eine Erniedrigung. Weil es *von Herzen* kommt und Kinder herzerwärmend sein lässt.

In dem Moment, in dem die Sicherheit im Herzen der Eltern angekommen ist, nehmen die Kinder sie dann auch als dort angekommen wahr.

10
Wat mutt, dat mutt
Vom Gegenüber und Nebeneinander

Eltern haben ihre eigenen Befindlichkeiten und es gibt die alltäglichen Notwendigkeiten. Oft aber verstehen sich die »gute Mutter« und der »gute Vater« innerlich festgelegt auf die Rolle der zustimmenden, Wünsche erfüllenden Person, die ihre eigenen Bedürfnisse vernachlässigt. Besonders natürlich bei Säuglingen. Eltern glauben leicht, eine Verweigerung, ein Nein könnte missverständlich sein, Zweifel an der Zuwendung wecken; könnte sie beim Kind unbeliebt machen (»Bei Oma und Opa gibt's viel mehr Schokolade«). Dann fällt es Eltern sogar schwer, bei einer Durchfallerkrankung die Diät statt der Wunschkost zu geben. Aber Eltern sind nicht nur für süßen Nachtisch, sondern auch für die bittere Medizin da. Sie sind ja die Wissenden, die Besserwissenden, die Klügeren. Kinder dürfen dagegen unvernünftig sein; sie können sich ja (hoffentlich) auf ihre vernünftigen Eltern verlassen. Denn der Appetit auf ein Sahneeis muss einem magenkranken Kind nicht vergangen sein. Gerade dem kranken Kind einen solchen Wunsch zu verweigern, fällt nicht leicht. Hin- und hergerissen darf man sich fühlen. Aber um des Kindes willen muss man sich erwachsen verhalten. Der Umgang mit Kindern stellt Eltern auf den Prüfstand. Nie haben sie mehr Grund zu reifen, mutig zu sein. Und sich belohnen zu lassen durch das beglückende Erlebnis, das Richtige getan zu haben.

So bringen Kinder ihre Eltern in Situationen, die ein erwachsenes Gegenüber und kein kindliches Nebeneinander fordern. Dann gilt nicht mehr »Ach, ich konnte früher auch nie genug Schokolade bekommen«, sondern »Ein Stück darfst du noch und dann ist Schluss«.

Auch wenn Eltern das oft erst lernen müssen: Es ist keine Schande, klüger zu werden.

Das ist ein Entwicklungsschritt im Gefühl und im Herzen, der Eltern immer erwachsener macht. Ein Erwachsener, der mit sich im Reinen ist, buhlt nicht um die Gunst des Kindes, konkurriert nicht mit den Großeltern. Das Kind hat die klare Erwartung, hat geradezu ein Anrecht darauf, dass dies den Eltern gelingt. Ein Kind ist weit davon entfernt, sich in seiner Liebe bestechen zu lassen. Mag sein, dass es feilscht wie auf dem Basar – seine Gefühle und seine Beziehung zu den Eltern stehen dabei aber gar nicht zur Verhandlung. Weil Kinder das Wissen und die Stärke ihrer Eltern brauchen und es Eltern glücklich macht, Vertrauen und Verstehen zu gewähren. »Wat mutt, dat mutt.«

Es ist keine Schande,
klüger zu werden.

11
Das soll mal eine selbstbewusste Persönlichkeit werden
Von Gleichberechtigten und Gleichwürdigen

Leicht geraten Eltern aufs Glatteis bei der Frage, ob sie sich eher als Freund oder als Partner ihrer Kinder sehen. Und viele tun sich schwer mit der richtigen Antwort, dass das Eltern-Kind-Verhältnis etwas Eigenständiges ist und mit der Beziehung unter Freunden und Partnern nichts zu tun hat. Kein Partner möchte in seiner Liebesbeziehung mit einem Kind verwechselt werden. Und wenn es so wäre, dann stimmte was nicht. Wie etwas nicht stimmt, wenn man das Kind mit dem Partner verwechselt.

Die Beziehung zwischen Eltern und Kind ist nicht symmetrisch, sondern *asymmetrisch*; es gibt ein Gefälle an Kompetenz und Erfahrung, das jeder

Gleichstellung widerspricht. Kinder können höchstens altklug und Erwachsene auch kindisch sein. Nur an Freundlichkeit gibt es kein Gefälle.

Kinder sind mit ihren Eltern nicht auf Augenhöhe. Das bedeutet aber auf keinen Fall, dass sie nicht gleichwürdig wären. Ihnen gebühren Respekt, Achtung, Verständnis und Einfühlung. Sie sind kleiner, aber sie haben die gleiche Würde, sie sind hilfsbedürftig, aber ihnen gehört jetzt schon mehr als ihren Eltern, nämlich die Welt von morgen. Sie sind ehrfürchtig zu behandeln.

> **»Jede Kindheit beginnt Weltgeschichte**
> **von Neuem.« (Jean Paul)**

So ehrfürchtig, wie ihrerseits Kinder zu ihren starken und Schutz gebenden Eltern aufsehen bzw. aufsehen möchten.

Und damit der Blick nach oben nicht ins Leere geht, muss da oben jemand zu sehen sein und *ansehnlich* sein. Die Person, die den Weg weist und einen auch mal *zurechtweist*.

Es ist das angeborene Bedürfnis der Kinder, zu Vorbildern aufzusehen, weil sie Orientierung und Unterstützung suchen.

Da ist ein Erwachsener auf Augenhöhe schon eine Überforderung. Wie viel mehr gerät die Welt des Kindes in Unordnung, wenn es auf seine Eltern herunterblickt, weil die vor ihm knien, d. h. sich selbst kleiner machen, so als müssten sie Unterstützung und Verantwortung beim Kind suchen. »Wenn du jetzt nicht lieb bist, dann gibt es keine Impfung, aber dann bist du selbst schuld, wenn du krank wirst.« »Wenn du den Apfel nicht isst, dann wirst du krank und wir können nicht in den Urlaub fahren.« »Um drei Uhr nachts steht er auf und erklärt die Nacht für beendet.« »Er weiß, dass ich krank bin, aber darauf nimmt der kleine Herr ja keine Rücksicht.« Solche Sätze kann ein Kind schwer verkraften. Es muss sich wie im falschen Film fühlen, sucht es doch eigentlich die Stärke und Unterstützung seiner Eltern. Weil ein Kind aber alles für bare Münze nimmt, fühlt es sich aufgefordert, dieses ganz und gar nicht kindgerechte Verhalten seiner Eltern und diese überhöhte kindliche Position als etwas Korrektes, Gehöriges, genau so Gemeintes anzunehmen. Wie eine Erwartung, die es erfüllen soll, auch wenn es damit überfordert ist. Dass es diese Erwartungen nicht erfüllen kann, erlebt es als eigene Unfähigkeit, als einen persönlichen Mangel. Um dem wiederum abzuhelfen, wird es überaufmerksam und anspruchsvoll werden. Es darf nichts verpassen, muss seine Nase überall reinstecken, kann sich schlecht entspannen und Ruhe finden und bekommt Schlafstörungen. Es ist gestresst und stresst seine Eltern.

Wenn Eltern diesen Stress nicht erkennen, zumal wenn sie ihren Verzicht auf ihre Erwachsenenrolle stolz und wie ein pädagogisches Glaubensbekenntnis rechtfertigen, ist die Verwirrung beim Kind komplett. Es verweigert sich mit Geschrei, Trotz und Protest. Wenn alles zuviel wird, macht man eben dicht. So wie ein Stau bei zu viel Verkehr die Autobahn dicht macht. Und das kann stolze Eltern immer ratloser machen, da sie bester Absicht waren und an Überforderung gar nicht gedacht haben.

Wie kann es dazu kommen, was bemerken Eltern in einem solchen Falle trotz bester Absichten nicht?

Oft *diskutieren* Eltern mit Kleinkindern und bemühen sich, auch die letzte »Warum«-Frage noch fundiert zu beantworten, als ob sie ihre elterliche Autorität ständig neu beweisen und begründen müssten. Genau dadurch bringen sie aber das Kind in die heikle Situation, die Autorität infrage stellen zu dürfen. »Er will immer alles stundenlang diskutieren«, wird gern mit Stolz berichtet, als wenn eine hoffnungsvolle Politikerkarriere gefördert werden müsste. Schlimmstenfalls begeben sich Eltern am Ende gar in Ratlosigkeit und Resignation ob der Hartnäckigkeit und vermeintlichen geistigen Durchdringungskraft ihres kindlichen Gegenübers. Sie haben die Hoffnung, dass ein stetes Gewähren von Mitbestimmung, eine täglich neue Auslegung der Regeln und Gesetze etwas wäre, was Kindern Selbstständigkeit, Einsicht und Reife vermittelt: »Das soll mal eine selbstbewusste Persönlichkeit werden.«

> *» Das Gras wächst nicht schneller, wenn*
> *man daran zieht. «*
> *(Afrikanisches Sprichwort)*

Aber dieser Wunsch macht vergessen, dass ein Jegliches seine Zeit hat. Man bringt auch kein Kind zum Laufen, wenn man es mit sechs Monaten auf die Beine stellt. Wenn Lehrer nicht mit dem Einmaleins beginnen, werden ihre Schüler nie bis zur Integralrechnung kommen. Eltern und Lehrer haben Filterfunktionen. Sie sortieren alles aus, was dem Entwicklungsstand eines Kindes noch nicht entspricht. Vom Einfachen zum Komplexen, sonst drohen Überflutung und Stau. Kinder können sich nicht größer machen und auch nicht größer gemacht werden. Sie wollen und brauchen das auch gar nicht. Sie vertrauen auf den elterlichen Filter. »Es ist, wie es ist«, »Das ist jetzt nicht so wichtig«, »Das kannst du mich später noch einmal fragen« sind auch legitime Antworten auf Endlosfragen. »Schluss mit lustig, jetzt wird aufgeräumt.« Verweigerung, Protest und Trotz sind nicht immer Zeichen von zu viel Autorität, sondern auch für den Verlust von Autorität. Kein Tyrann dankt freiwillig ab, aber wer wollte ernsthaft darauf Rücksicht nehmen?

Starke Kinder brauchen starke Eltern. Nur beim Spielen ist das nicht so wichtig. Da darf der Vierjährige seinen Papa schon mal aufs Kreuz legen (bis das Telefon klingelt oder das Kaffeewasser kocht).

Vom Einfachen zum Komplexen, sonst drohen Überflutung und Stau.

12
Es kann ja nicht schaden,
sympathisch zu sein
Von Engelsschleifen und Teufelskreisen

Eltern sind das Modell für ihre Kinder, das *primäre Objekt*, das erste Gegenüber. Sie sind es mit ihrem eigenen Selbst, mit ihren Wünschen und Bedürfnissen, mit ihren Fähigkeiten und Grenzen, mit ihren Stärken und Schwächen. Da Eltern Modell für diese Welt sind, dürfen und müssen sie nicht perfekt sein. Denn das ist diese Welt auch nicht. Dann wären sie als Modell unbrauchbar. Würden sie auf eine perfekte Welt vorbereiten, gingen sie an der Wirklichkeit vorbei.

In der Säuglings- und Kleinkinderzeit sind Eltern das *prägende* Modell. Die Muttersprache bleibt wie eine geprägte Münze bestehen – sie ist Leitwährung. Die Sprachentwicklung geht weiter, Fremdsprachen

kommen hinzu, aber Basis bleibt immer das Sprach-
modell der ersten Monate und Jahre.

Mütter prägen den Geschmack des Kindes schon mit
der Muttermilch. Denn diese schmeckt bei mütter-
licher Ernährung mit Fertigkost ganz anders als bei
Ernährung mit Frischgemüse.

Kinder nehmen alles für bare Münze: Welche Sprache wird gesprochen, welche Sitten und Regeln werden gepflegt in diesem Land, an diesem Ort, in dieser
Familie? Essen wir mit den Fingern oder mit Messer
und Gabel? Gibt es Bücher oder nur DVDs? Lieber
Warten und Teilen oder Schlagen und Schreien? Was
muss ich tun, um in diese Familie zu passen, um es
meinen Eltern recht zu machen, um angesehen zu
werden, angesehen zu sein? Was muss ich lernen, um
Freunde zu gewinnen? Was muss ich unterlassen, um
bei der Partnerwahl nicht durchzufallen? Wie werde
ich geschätzt, geachtet, sympathisch werden? Das ist
eine Kernaufgabe von Eltern: Ein Kind sympathisch
werden zu lassen, ihm zu helfen, sympathisch zu sein,
es davor zu schützen, unsympathisch zu werden.

Welch ein Vergnügen bedeutet es für Eltern, zu
hören: »Was haben Sie für ein nettes Kind! Es ist so
leicht, sich mit ihm zu verständigen, es macht Spaß
mit ihm.« Ein solches Kind hat eine Ausstrahlung,
die angenehm ist und die es sympathisch macht. Und
dadurch bekommt es auch die Resonanz, wie will-
kommen es ist und wie gern es gemocht wird. Und
das ist für ein Kind wichtig: Werde ich gerngehabt

oder werde ich nicht gerngehabt? Werde ich in meinem Bedürfnis nach Zugehörigkeit und in meinem Wunsch nach Selbstachtung respektiert? Werde ich annehmend oder ablehnend gespiegelt? Ein sympathisches Kind lebt den positiven Einfluss seiner Eltern aus. Gleichzeitig macht sein sympathisches Verhalten es diesen wieder leicht, wohlwollend, akzeptierend, unterstützend, positiv verstärkend zu reagieren. Das ist – wenn man so will – eine »Engelsschleife«. So wie es umgekehrt einen »Teufelskreis« gibt, wenn Eltern abgeneigt, abwertend, gar feindselig auf ihr »nerviges« Kind reagieren. Und dafür sind Eltern ebenfalls verantwortlich.

Es kommt darauf an, den Kindern die richtigen Informationen *stimmig* zu geben, nachdrücklich wohl, aber immer vertrauensvoll, großzügig und geduldig. Wärme und Rückenwind tun einfach gut, fördern das sich erst entwickelnde, sehr verletzliche Selbstbewusstsein, das noch der Zustimmung und *Zuneigung* bedarf. Auf seinem Weg ist ein Kind lange – und wenn es gelingt, immer weniger – auf positive Fremdwahrnehmung und Fremdanerkennung angewiesen, und das speziell durch seine *primären Bezugspersonen*, die Eltern. Für ein Kind bedeutet das: Zeigt mir, dass ich wichtig für euch bin, dass ihr mich liebt, indem ihr mich erzieht. Lasst mich nicht im Unklaren; ich kann mich nicht selbst erziehen. Helft mir, alles richtig zu machen. Helft mir mit eurem Wissen vom Wichtigen und Richtigen. Aber seid bitte nicht abwertend und kränkend, seid nicht enttäuscht und misstrauisch, schreit mich nicht an und schlagt mich nicht.

»Das hab ich von meinen Eltern mitbekommen, darauf haben sie immer Wert gelegt« – wie schön, wenn dieser Satz mit Stolz ausgesprochen werden kann. Nicht ohne Erinnerung an heftige Kämpfe und stressige Zeiten, aber geprägt von der Erfahrung von Fairness, Respekt, Vertrauen und Zuneigung.

Lasst mich nicht im Unklaren; ich kann
mich nicht selbst erziehen.

13
In deinem Zimmer kannst du dich beruhigen
Vom Halten und Haltgeben

Das Wort »Halt« wird in der Regel einschränkend wahrgenommen: »Halt, Polizei!« oder »Halt den Mund!«. Aber das Wort ist viel schillernder. Halt ist auch etwas, was gegeben, was gewährt wird. Im Rahmen der Erziehung bedeutet Halt geben, jemanden von etwas abzuhalten, das nicht gewünscht ist, und zu etwas anzuhalten, das gewünscht ist. Halt bedeutet Struktur und Vorgabe, notwendigerweise auch Einschränkung. Diese Einschränkung ist genau das, was der kleinen und überschaubaren kindlichen Welt gerecht wird. Denn diese Welt hat Grenzen, die von den Kindern noch unzulänglich wahrgenommen werden. In ihrer Allmachtsfantasie sind sie die künftigen Chefs und Stars, groß und stark. Den Vater ringen sie jetzt schon nieder. Und Väter dürfen solche Spiele gern mitspielen. Aber wenn es ernst wird, zu schwer, zu heiß, zu laut, zu gefährlich, zu nervend, dann müssen Eltern ihren Kindern Grenzen aufzeigen. Erziehung ist Grenzziehung, ist immer mit Halten verknüpft. Mutter oder Vater gewähren dem Kind Grenzen, die ein Einhalten, Innehalten, Abhalten oder Anhalten bedeuten können. Es kann am Ende auch ein Festhalten sein. Halt ist ein Angebot an das Kind in einer Situation, die es für sich selbst noch nicht überschauen kann. Damit es Haltung erwirbt. Wer bei Halt nur an das Verbieten denkt, verliert das Begrenzen aus den Augen.

Das Festhalten wird leider oft als Alternative zum »Time-out« oder anderen Sanktionen und Strafen verstanden: So, mein Kind hat etwas falsch gemacht, dann schnappe ich es mir und halte es auf dem Schoß fest. Diese Vorgehensweise steht so aber in keinem sachlichen Bezug zum Fehlverhalten des Kindes. Das Festhalten muss vielmehr eine logische, plausible Abfolge in einer Handlungskette sein, die am Ende dazu führen darf, dass das Kind festgehalten wird. Es wird festgehalten, weil es, obwohl dazu angehalten, nicht anhält. Es wird festgehalten, weil es – zurückgehalten – wild um sich schlägt, weil es in seiner Wut außer Kontrolle gerät, weil es mit Porzellan und Gläsern wirft. Viele Eltern haben Angst zuzugreifen, weil sie denken, dass sie ihren Kindern damit Gewalt antun. Dieses einfache Halten und Haltgeben wird manchmal schon als Gewalt und ungünstige Einschränkung des freien Willens erlebt. Aber mit Mut können Eltern etwas ganz Wunderbares entdecken, nämlich dass ihr Kind sich entspannt und – unglaublich – vielleicht sogar im Arm einschläft. Das *ungehaltene* Kind findet gehalten Halt. Nicht in Resignation wie nach einer Niederlage, sondern im Annehmen des elterlichen Angebotes, beim Regulieren der großen Gefühle zu helfen – auf dem Schoß der Eltern und nicht allein gelassen im Nebenzimmer. Der Satz »In deinem Zimmer kannst du dich beruhigen« bietet die notwendige Hilfe gerade nicht an und weist eher auf die Hilflosigkeit der Erzieher. Diese kann sich auch im *Ablenken* ausdrücken, ein häufig genutztes Angebot, eine Problemsituation zu verwässern oder gar zu ignorieren.

Vielmehr aber sind die Stärke, Kompetenz und Regulierungsfähigkeit der Mutter oder des Vaters gefragt. Sie führen das Kind aus der Wut und Enttäuschung heraus. Das ist kein Aufgeben, keine Resignation im Machtkampf, sondern eine tief erlebte Entspannung in den starken Armen der Eltern. Denn wo Stärke ist, ist auch Geborgenheit. Das be*halt*en Kinder, wenn die Eltern durch*halt*en.

Halt geben ist keine Bestrafung, sondern Weg zur Selbstregulation, zur Haltung. Haltlosigkeit führt dagegen zur Eskalation. Und an deren Ende droht Bestrafung aus Hilflosigkeit.

Das ungehaltene Kind findet gehalten Halt.

14
Wenn der Schwanz mit dem Hund wackelt
Von Stärke und Gewalt

Starke Kinder brauchen starke Eltern, denn in deren Stärke finden sie Geborgenheit. An eine starke Schulter kann man sich anlehnen. Wer eine Schulter hat, der hat auch einen Ellenbogen. Und wer den Ellenbogen nie spüren lässt, schafft Zweifel daran, ob verlässlich eine starke Schulter existiert. Das eine gehört zum anderen dazu. Wie gut kann der für sich selbst sorgen, der seinen Ellenbogen nie gebraucht? Wie sicher kann man sich an seine Schulter anlehnen? Kann der glaubwürdig für andere sorgen, der nicht für sich selbst sorgen kann? Diese Fragen kann man sich in jeder Partnerschaft stellen. Für Kinder sind sie mit Blick auf die Eltern mindestens genauso wichtig.

Aber der Einsatz des Ellenbogens macht in unserer Zeit verdächtig. »Ellenbogengesellschaft« beschreibt den rücksichtslosen Einsatz des Ellenbogens zum eigenen Vorteil, ohne Sensibilität für andere. Wer etwas erreichen wolle, wer nach oben kommen wolle, der müsse sich gnadenlos durchsetzen. Glücklicherweise gilt das nicht immer so; aber die Beobachtung ist auch nicht ganz falsch. Die Ellenbogengesellschaft wird zu Recht kritisch gesehen.

Aber deswegen auf den Ellenbogen zu verzichten, wäre auch falsch. Zur Schulter gehört der Ellenbogen, mit dem man sich behauptet. Kinder brauchen Eltern, die ausgeschlafen sind, die für ihren Schlaf sorgen können. Sie brauchen Eltern, die sich nicht vom Kochen abhalten lassen. Sie brauchen Eltern, die beim familiären Multitasking nicht ins Chaos geraten. Eltern, die stark sind und ihre Stärke zeigen und leben. Auch in der Partnerschaft dürfte es von Vorteil sein, den Ellenbogen nicht zu tadeln, wenn man füreinander da sein möchte.

Wer eine Schulter hat, der hat auch einen Ellenbogen.

Die Skepsis gegenüber dem Ellenbogen ist im Erziehungsverhalten weit verbreitet; ihr Wegbereiter ist die Angst, gewalttätig zu sein, oder genauer: die Verwechslung von Stärke und Gewalt. Und dafür gibt es viele pädagogische Ausreden, denen man folgen kann wie der Esel der Karotte. »Er hat so einen starken

Willen, den ich nicht brechen will, ja, am Ende bekommt er seinen Willen, der kleine Racker.« »Meine Eltern waren so autoritär und streng; mein Kind soll unter seinen Eltern nicht leiden.« Der Ellenbogen, den die Eltern nicht zeigen, wächst fatalerweise am Kind zu unwirklicher Größe heran. »Oh, wir haben ihm wohl früher viel zu viele Freiheiten gelassen«, ist oft die Erkenntnis am Ende dieser Sackgasse. Man könnte den Eindruck gewinnen, dass Eltern ihre Kinder unbewusst auf die Ellenbogengesellschaft, die große Sackgasse, vorbereiten.

Unmittelbar wichtiger ist aber die erwähnte Verwechslung von Stärke und Gewalt, der Verzicht auf Stärke aus Angst, zu autoritär oder gar gewalttätig zu erscheinen.

Die Erziehungsideale haben sich geändert, die *autoritäre Erziehung* ist zu Recht in Verruf geraten. Das selbstständige, selbstbewusste Kind soll sich in einer zustimmenden, gewährenden, unterstützenden Umgebung entwickeln. Eltern, die selbst unter einem autoritären und oft nicht gewaltfreien Erziehungsstil gelitten haben, folgen dem gern. Und neigen oft in den Zweifelsfällen der Erziehung eher zur Großzügigkeit bis hin zum Laisser-faire. Es scheint, dass sie einen Sicherheitsabstand halten müssen, um sich unter allen Umständen den alten, überlebten Idealen der autoritären Erziehung fern zu wissen. Um nicht zu fordernd zu erscheinen, verzichten sie dann auf die klare Ansage. Diese Angst aber behindert die Freiheit, führend und klärend zu sein. Der Verzicht auf die autoritäre Erziehung kann nicht im Verzicht auf Erziehung bestehen – und die bedarf, es ist so einfach, der Autorität der Erziehenden. Am deutlichsten wird die Verwechslung mit dem Satz »Kinder erziehen sich selbst«. Auch die pädagogische Forschung und Literatur hat eine solche Sicht lange unterstützt.

Autorität wurde zum Unwort. Wer keinen Krach riskiert, um keine Tränen zu ernten, möchte vielleicht an die eigenen Tränen nicht erinnert werden, auch wenn sie aus ganz anderen Gründen geweint wurden. Diese Verzerrung erleichtert den Verzicht auf Stärke, ja begründet geradezu eine Verleumdung von Stärke – bis der Schwanz mit dem Hund wackelt. Der Schwanz weiß nicht, wie ihm geschieht; er hat seinen Platz verloren. Und die Kinder haben ihren Platz verloren, weil Erwachsene sich nicht trauen, erwachsen zu sein. Wer nicht Nein sagen kann, dessen Ja hat weniger Wert.

In der Stärke der Eltern finden
Kinder Geborgenheit.

15
Ich möchte gern mal wieder durchschlafen
Von Eltern, denen das Lachen vergeht

»Mein Kind will einfach nicht durchschlafen.« Oder: »Ich muss mich so lang dazulegen, bis es schläft.«

Aufopferungsvoll widmen sich Eltern ihren Kindern, aus dem Selbstverständnis heraus, für das Kind da sein zu müssen. Und im Prinzip ist das in den ersten Lebensmonaten – und sicherlich auch später noch – angemessen. Aber eines Tages kommen Eltern an ihre Grenzen, sind genervt und gerädert. Sie spüren, dass sie dabei selbst zu kurz kommen. Und dass sie mit ihrem Genervtsein dem Kind schon gar keinen Gefallen tun.

Wenn den Eltern das Lachen vergeht,
haben die Kinder nichts mehr zu lachen.

Natürlich hat ein Kind den Wunsch, den Eltern immer ganz nah zu sein. Das ist wohl seit dem Höhlendasein so, als Großfamilien gemeinsam die Nacht in der Hängematte oder auf dem Felllager verbracht haben. Aber wenn dieser Wunsch des Kindes bei den Eltern zu Schlafentzug und Erschöpfung führt, geraten diese in einen Konflikt. Als gute Mutter oder guter Vater möchten sie einerseits für das Kind da sein und sich den Bedürfnissen des Kindes anpassen. Andererseits müssen sie sich vor einer Überforderung schützen. Jedem ist vertraut, dass man bestimmte Aufgaben besser in ausgeschlafenem Zustand als unausgeschlafen angehen sollte. So haben auch Eltern die Aufgabe, für ihr Ausgeschlafensein, für ihre eigenen Kräfte, für ihre Ressourcen, für ihre gute Laune zu sorgen. Das heißt nicht: Wenn die Kinder abends schlafen, kannst du ja noch mal ein paar Seiten lesen. Sondern es bedeutet: Sorge so für dich, dass du Ressourcen hast, dass deine Tanks gefüllt sind und dass du davon geben kannst. Lieben heißt Geben. Nicht aus der Not und Berechnung, nicht aus dem gerade eben Abgeknapsten, sondern aus dem Überfluss. Wer für seinen Überfluss sorgt, der kann überströmend etwas für seine Lieben tun.

Wenn den Eltern das Lachen vergeht, haben die Kinder nichts mehr zu lachen. Darum verlassen sich Kinder darauf, dass ihre Eltern ihnen nichts vormachen und sich selbst nichts vornehmen, was zur Erschöpfung führt.

Wer nicht für sich selbst Sorge tragen kann, der kann auch schlecht für andere sorgen.

16
Warum schreit er bloß immer so?
Vom Wunsch und vom Bedürfnis

Kinder wie Eltern haben Wünsche und Bedürfnisse. Säuglinge – und nicht nur sie – signalisieren ihren Eltern durch Weinen und Schreien, dass sie ein Bedürfnis befriedigt oder einen Wunsch erfüllt wissen wollen. Menschenkinder sind Nesthocker, und noch lange nach ihrer Geburt sind sie auf Anwesenheit und Verständnis ihrer Eltern angewiesen. Diese müssen da sein und signalisieren, dass das Kind nicht von Gott und der Welt verlassen ist. Darum ist es auch selbstverständlich, ein hilfebedürftiges Kind nicht schreien zu lassen.

Wenn ein Säugling beim Hinlegen sofort zu schreien beginnt, dann offenbart er damit seinen Wunsch, im Arm liegen zu bleiben. Aber wie soll das Kind jemals erfahren, dass das nicht immer der Wunsch von

Mutter oder Vater, sondern nur sein eigener Wunsch ist, und dass es seine Eltern auf Dauer mit diesem Wunsch belasten wird? Manchmal brauchen die ihre Hände auch für etwas anderes. Wenn sie den Wunsch jedes Mal erfüllen, muss das Kind ihn ja für berechtigt halten. Dieser Schrei nach Wunscherfüllung und die darauffolgende Handlung durch Mutter oder Vater bilden eine Vernetzung im kindlichen Gehirn. So wie Muskulatur durch Training verstärkt wird und bei Trainingsmangel schwindet, so schaffen auch Erfahrungen und Gewohnheiten eine Hirnarchitektur, werden Nervenfasern und Nervenverbindungen trainiert oder veröden – »Use it or lose it«: Erfolgreiches Verhalten wird wieder eingesetzt, erfolgloses unterlassen. Um keine falschen Gewohnheiten aufkommen zu lassen, gilt es, so viel zur Beruhigung anzubieten wie gerade nötig, und so wenig wie eben möglich. Keine Stimulation, keine überlangen nächtlichen Stillsitzungen, schon gar keine Spielstunde. Je attraktiver die Eltern die Situation gestalten, umso zwingender ist der Wunsch des Kindes, die Situation wieder herbeizuführen. Deshalb müssen Eltern dem Kind im Zweifelsfalle deutlich machen: Wir haben diesen Wunsch nicht und legen dich deshalb wieder hin. Da wird das Kind sofort protestieren. Wenn die Eltern das Kind dann unmittelbar wieder aufnehmen, sind sie in einer Erpressersituation. Denn das Kind merkt: Wenn ich schreie, dann wird mein Wunsch erfüllt, dann werde ich auf den Arm genommen. Und um ihm deutlich zu machen, dass das nicht der Wunsch seiner Eltern ist, müssen diese das aushalten und das Kind zunächst protestieren lassen, aber beruhigend bei ihm bleiben. Die Zeit des reinen Protestes ist nicht dauerhaft. Wenn die gewohnte Reaktion ausbleibt, kommen bald Enttäuschung und Besorgnis auf. Der unerfüllte Wunsch tritt hinter das Bedürfnis nach Nähe und Trost zurück: Moment mal, ist niemand für mich da? Hört mich niemand? Aus dem Schimpfen wird ein Weinen. Die Gewohnheit des Zusammenlebens lässt Eltern immer besser unterscheiden, ob das Kind protestiert oder ob es ein ernsthaftes Bedürfnis nach Fürsorge hat. Ob es schimpft oder ob es weint. Und für das weinende, Trost suchende Kind sind die Arme der Eltern da. Denn das Kind kann sich nicht selbst beruhigen und als Hilfe reicht die reine Anwesenheit der Eltern nicht immer aus. Natürlich darf es dann wieder auf den Arm, wenn das zur Beruhigung notwendig ist: »Ich bin für dich da, ich habe dich verstanden.« Körperkontakt tut immer gut. Dabei dürfen die Eltern gelassen und entspannt sein. Sie dürfen wissen, dass sie das Richtige für das Kind und für sich selbst tun. Und das Kind nimmt die Selbstsicherheit, mit der sie das tun, auch wahr.

Darum ist es bei diesem Umlernen auch wichtig, dass Eltern mit der Umsetzung erst beginnen, wenn sie die Richtigkeit wirklich verinnerlicht haben. Sie müssen warten, bis sie nicht mehr unsicher oder verunsicherbar sind. Auch müssen sie darauf vorbereitet sein, dass der Protest sich zunächst verschärft, dass das

Kind die gewohnten Reaktionen dreimal so laut und dreimal so lange einfordert. Und im Erfolgsfall hätte es gelernt, auf einem höheren Level zu protestieren.

Die Erfahrung zeigt, dass Eltern dieses »Umfühlen« mit erstaunlicher Genauigkeit erfassen. Aus der Unzufriedenheit, aus der Hilflosigkeit, aus der Erschöpfung erfahren sie diesen Anstoß, etwas bei sich selbst zu entdecken und zu ändern. Kinder helfen, diese Einsicht zu gewinnen und umzulernen. Symptome sind Entwicklungsreize, nicht bedrohlich, sondern wegweisend.

Und Kinder lernen Wünsche und Bedürfnisse anderer kennen und respektieren, in diesem Beispiel den nächtlichen Erholungsschlaf ihrer Eltern, ohne sich verlassen fühlen zu müssen.

» Ich bin für dich da,
ich habe dich verstanden. «

17
Man darf auch mal danebenliegen
Vom Keuchhusten-Tic

Keuchhusten ist eine Erkrankung, die Säuglinge unmittelbar nach der Geburt bekommen können. Und zum Keuchhusten gehören als klassische Symptome ein heftiger, anfallsartiger *Stakkato*-Husten und ein krächzendes Juchzen am Ende des Anfalls. Das klingt wirklich lebensbedrohlich und verlangt die volle Sorge von Eltern oder im Krankenhaus vom Pflegepersonal. Eine Keuchhustenerkrankung zieht sich über ca. zwei Monate hin. Eine lange Zeit, in der jeder Hustenanfall die Eltern ans Bett treibt. Aber auch danach wollen die Anfälle nicht aufhören, kommen vielleicht seltener, aber immer wieder. Es gehört durchaus zum Wesen der Krankheit, dass der Husten nur langsam abebbt. Und da lauert der *Keuchhusten-Tic*. Denn erst nach vielen weiteren Wochen kann man sich skeptisch fragen, ob ein Keuchhusten so lange dauern kann? Dann aber hat der Säugling Zeit genug gehabt, zu lernen, dass ein Hustenanfall ein Signal ist, auf das jederzeit reagiert wird. Und so darf man sich auch erst nach vielen Wochen sicher sein, dass sich ein »Keuchhusten-Tic« entwickelt hat, wenn ein putzmunteres Baby seine Eltern mit kräftigem Husten an sein Bettchen ruft. Eltern könnten das als bösartig berechnend auslegen, aber im Grunde handelt es sich um ein konditioniertes *Reiz-Reaktions-Muster*, wie beim berühmten *Pawlowschen Hund*. Die Kinder haben schlicht gemerkt: Wenn – dann. Und das ist genau die Erwartung, mit der sie ja auch aus dem Kontinuum der Zeiten auf die Welt kommen. Sie erwarten, dass die Reaktion des Gegenübers auf bestimmte Reize, die sie geben, die notwendig richtige ist. Und solange das Gegenüber zuverlässig die erwartete Reaktion zeigt, wird das Kind nicht darauf kommen, den Reiz aus seinem Repertoire zu streichen. Wenn das Gegenüber einen eingeübten Mechanismus nicht unterbricht, sobald dieser nicht mehr sinnvoll ist, wer dann? Jedenfalls nicht das Kind. Das scheinbare Täuschungsmanöver des Kindes ist das Beste, was das Kind tun kann. Es zeigt an: Ich bin bereit, zu lernen. Ich bin bereit, die Muster zu übernehmen. Ihr sagt mir, was richtig und was falsch ist, was gewünscht und nicht gewünscht ist.

Eltern dürfen wissen, dass sie viele Gelegenheiten haben, dem Kind etwas Falsches beizubringen. Und dass sie manchmal keine Wahl haben. Und dass man hinterher immer schlauer ist. Und dass es dann nicht zu spät ist.

Der Keuchhusten ist selten geworden. Gegen Kreischen und Brüllen wird nicht geimpft; das gibt es noch reichlich.

> *Wenn einmal Gelerntes nicht mehr richtig ist, dann sagt es mir auch. Wenn ihr klüger werdet, dann kann ich das auch.*

18

Wie der Habicht fliegen lernt
Vom Behüten und Belasten

Ein Säugling muss zu hundert Prozent behütet und
beschützt werden. Das ist der eine Pol. Am anderen Pol steht der junge Erwachsene mit 18 Jahren.
Der soll zu hundert Prozent belastbar sein. In seiner
Kindheit und Jugend muss er dafür alle Erfahrungen
gemacht haben, die ihm die notwendige Reife verschaffen. Reife besitzen, das bedeutet selbstständig
sein, selbstverantwortlich sein, leistungsfähig sein,
mit Selbstvertrauen und ohne Angst vor Fehlern.
Mit Reife lässt man sich durch kurzfristige, schnell
erschöpfte Befriedigungen nicht von langfristigen
Zielen abhalten. Und nicht zuletzt bedeutet Reife,
einen Zugang zu seinen Gefühlen zu besitzen, für das
Gute, Wahre und Schöne offen zu sein. Eltern be-
fördern die Reifung, indem sie von hundertprozentig

Behütenden Stück für Stück zu sinnvoll Belastenden werden.

Beim Betrachten dieser Liste wird klar sein, dass es auch mal ein bisschen länger dauern kann. Große Aufgaben erfordern Geduld, erlauben Umwege, verzeihen Fehler. Auch die der Eltern. Natürlich geht es nicht ohne Vertrauen und Mut. Und dafür bedarf es oft durchaus eines Anstoßes. Wie beim Fliegenlernen, wenn die Habichtmutter ihr völlig ungeneigtes Junges aus dem Nest stoßen muss, damit es die Kurve kriegt. Nesthocker gibt es, nicht nur gefiederte. Und es schlagen viele Herzen, die es sehr schwer finden, wie eine Habichtmutter zu handeln. Es geht dabei nicht nur um das berühmte *Hotel Mama*, sondern um viele kleinere *»Heraus!«-Forderungen*. Natürlich gibt es viele Eltern, die damit überhaupt kein Problem haben. Manchmal entdecken Eltern an sich selbst, dass sie bei einem Kind mehr Behüter und beim anderen mehr Belastender waren. Oder sie erleben, dass der Vater in der einen und die Mutter in der anderen Position ist. Das darf man als eine vielversprechende gegenseitige Ergänzung ansehen. Aber man muss sich hüten, die gegensätzlichen Positionen wie eine Stellung im Krieg zu betrachten und die Wahrheit im »Entweder – Oder« zu suchen. Leicht erklärt man dann ein Problem mit dem unpassenden Verhalten des jeweils anderen. Der eigentlich fällige Kompromiss liegt aber auch nicht genau in der Mitte, sondern darin, aufeinander zuzugehen.

Um die Balance zwischen Behüten und Belasten zu finden, könnte folgende Einsicht hilfreich sein: Wenn eine Mutter und ein Vater gelernt haben, sich selbst einzuschätzen, und von sich jeweils wissen, dass sie eher behütend sind, dann dürfen sie das Behüten vergessen. Selbst wenn sie in ihrer eigenen Wahrnehmung genau das Gegenteil versuchen, wird noch so viel des Behütens da sein, dass es auf keinen Fall zu wenig wird. In einer solchen Position kann man sich unbesorgt um das Belasten kümmern. Und umgekehrt braucht sich der Typ »Belastender« nie darum zu kümmern, ob sein Herausforderungsmoment dem Kind gegenüber auch groß genug ist. Aber er sollte sich immer wieder überprüfen, ob seine behütende Haltung auch genügt.

Wenn es gelingt, hat man auch etwas für die Beziehung zum Partner getan, denn es gibt dann weniger Anlass für gegenseitige Kritik. Das ist eine Chance, die nur Partner in der Erziehung haben, denn man sieht den Splitter im Auge des anderen viel früher als den Balken im eigenen Auge.

»Was hast du gemerkt, was ich noch nicht gemerkt habe?« ist viel bekömmlicher als ein »Du solltest dir an die eigene Nase fassen.«

Durch Kinder werden Eltern stets klüger – als Partner im Merken noch etwas schneller.

Große Aufgaben erfordern Geduld,
erlauben Umwege, verzeihen Fehler.

19
Hoffentlich versteht er sich mit seinem neuen Schwesterchen
Vom Vorbereiten und Entschädigen

In der Geschichte der Menschheit war es eher die Ausnahme, als Einzelkind groß zu werden. Erzogen wurden die Kinder nicht nur von ihren Eltern, sondern wesentlich auch im Zusammenleben mit Geschwistern. Das älteste Kind konnte vorübergehend die Rolle des Einzelkindes genießen, des Kronprinzen. Viele Eltern bestätigen, dass sie dem ersten Kind so viel Zeit schenkten, dass die Vorstellung, ein weiteres Kind versorgen zu müssen, unmöglich gewesen sei.

Steht dann tatsächlich die Geburt eines Geschwisterchens an, sind viele Eltern aber nicht wegen des Neuankömmlings besorgt, sondern wegen des Kronprinzen. Wie bringe ich ihm bei, dass er nicht mehr der Einzige ist? Wie wird er reagieren, wenn er teilen muss? Wie bereite ich ihn vor?

Sie sind besorgt, dem Kronprinzen nicht mehr genügend gerecht zu werden. Sie haben Angst, er könnte sich selbst ungerecht behandelt fühlen.

Diese *Selbstinstruktion* der Eltern spürt das Kind wiederum. Wird ihm gar noch mit vielen Worten versprochen, dass es keinen Verlust, keinen Schaden zu befürchten habe, dann kann das Kind nur misstrauisch werden. Denn wenn etwas so selbstverständlich ist wie die Geburt eines Geschwisters, dann bedarf es keiner überflüssigen Worte. Je mehr Worte gemacht werden, desto weniger versteht sich eine Sache von selbst, desto weniger selbstverständlich ist sie. Wo eine Rechtfertigung ist, da ist eine Klage; wo eine Entschädigung ist, da ist auch ein Schaden. Der Kronprinz sieht sich geradezu gezwungen, mit dem Schlimmsten zu rechnen. Wenn die Watte herausgeholt wird, dann sind Härten zu erwarten. Denn darauf bereiten ihn seine Eltern ungewollt vor: Dir geht nichts ab, du bleibst unser Schatz, wir haben dich dann genauso lieb wie bisher und wie das Neugeborene. Durch die Besorgnis der Eltern und ihre Beschwichtigungen erwachsen die Zweifel des Kindes.

Ähnliches passiert z. B. auch bei Arztbesuchen: Wer sein Kind wochenlang auf den lieben Arzt vorbereitet und dessen »Gar-nicht-schlimm-Sein« mit der Aussicht auf Belohnungen unterfüttert, darf sich nicht wundern, wenn das Kind erwartet, auf ein

Ungeheuer zu treffen, auf einen Wolf im Schafspelz. Nur etwas sehr Bedrohliches kann diesen hohen Aufwand an Trost im Vorwege rechtfertigen.

Die Idee, den Kronprinzen entschädigen zu müssen, wirkt auch nach der Geburt eines Geschwisters oft weiter. Wenn ältere Geschwister auffällig in die Babysprache zurückfallen, wieder am Daumen lutschen oder auch wieder einnässen, kann das der Ausdruck eines Sich-kleiner-Machens sein. Damit reagieren sie auf das Kleiner-gemacht-Werden durch die Eltern. Und dieses Kleiner-gemacht-Werden wird ihnen als Teilhabe an der Aufmerksamkeit für das kleine Geschwister angeboten. Der eine wird »auch ein bisschen« gefüttert, die andere braucht sich nicht mehr allein anzuziehen. Es kann sehr weit gehen: »Damit der Ältere sich nicht zurückgesetzt fühlt, biete ich ihm an, mal an der anderen Brust zu trinken.« Das Angebot ist attraktiv gemeint, nämlich wieder ein Säugling zu sein. Der eigentlich angemessene, altersgemäße Umgang muss dann wie etwas Unattraktives wirken, für das man entschädigt wird. Letztlich reicht die Entschädigung aber nur für kurze Episoden, Vollstillen für beide ist nicht drin. Das gut gemeinte Angebot wird zum Ladenhüter. So abgespeist kann man sich nur als Verlierer fühlen.

Ist es nicht viel verlockender, aus dem Zusammenleben mit dem neuen Geschwister neue Entwicklungsimpulse zu bekommen, die große Schwester, der große Bruder zu sein? Und gibt es nicht auch umgekehrt die kleinen Mädchen, die keine

Blümchenkleider mehr tragen wollen, weil die große Schwester schon auf Ton in Ton steht? Wie attraktiv die jeweilige Geschwisterposition erlebt wird, hängt auch von der Einstellung und dem Verhalten der Eltern ab. So wie die Geburt eines Geschwisterchens entweder als Verlust von Privilegien oder als Gewinn an Kompetenz vermittelt werden kann, als heißer Brei, um den herumgeredet wird, oder als kalter Kaffee, an dem man sich nicht verbrennen kann, so maßgebend sind elterliche Einstellungen auch in vielen anderen Alltagssituationen. Diese sind nicht immer offenbar, nicht ausgesprochen. Aber sie drücken sich im Verhalten und zwischen den Zeilen aus. Dann schätzt ein Kind – durchaus zu Recht – die Dunkelheit und Bedrohlichkeit eines Waldes danach ein, wie laut die Eltern pfeifen.

Welches Kind darf wie lange aufbleiben oder müssen alle Kinder trotz unterschiedlichen Alters gleichzeitig ins Bett? Wer darf eine bestimmte Fernsehsendung sehen, wer noch nicht? Muss jedes Spielzeug geteilt werden? Muss der Ältere nachgeben? Muss der Jüngere weichen? Was wohl haben die Jüngeren aus dem Verhalten ihrer Eltern abgeleitet, wenn sie nicht schnell genug groß werden können? Was haben die Älteren bemerkt, die nicht groß sein wollen?

Geschwister lernen voneinander und sie wollen sich verstehen.

79

Auch beim nächtlichen Einnässen lässt sich fragen, welche unausgesprochene Wahrnehmung in der Körpersprache des Kindes verborgen ist. Der fünfjährige Erstgeborene, der einnässt, mag sich wünschen, noch einmal so unbefangen und klein sein zu dürfen, wie er es mit drei Jahren war, weil er sich nun als älterer Bruder mit jüngeren Geschwistern überfordert sieht oder erlebt, dass dem Nesthäkchen eine besondere Zuneigung zuteil wird. Das fünfjährige Nesthäkchen dagegen ist vielleicht unterfordert worden, sieht sich dem Größerwerden nicht ganz gewachsen und möchte in einem Teil seiner Seele klein bleiben. Es schläft so tief, dass keine volle Blase und auch kein Alarmsystem es wecken. Es fühlt sich noch nicht selbst verantwortlich, noch nicht motiviert. Weckt nicht auch das nächtliche Rascheln am Fenster eher die Väter und das Wimmern eines Babys eher die Mütter? Überfordert oder unterfordert – Strafe verdient ein Kind in beiden Fällen nicht.

Gib dem Großen, was des Großen ist, und gib dem Kleinen, was des Kleinen ist. Gleichheit führt nicht zur Gerechtigkeit, Gleichbehandlung wird keinem gerecht. Geschwister lernen voneinander und sie wollen sich verstehen. Das können sie, weil es Unterschiede gibt.

Gleichheit führt nicht zur Gerechtigkeit.

20
Da kann er richtig sauer werden
Von der guten Miene zum bösen Spiel

Vom Familienfoto kennen das alle: »Cheeeese« oder »1,2,3, Polizeeeei«. Ein gemeinsames breites Lächeln auf dem Foto ist garantiert. Da ist Verstellen erlaubt, sogar ausdrücklich erwünscht.

Ausgerechnet beim Familienbesuch, bevor es zum Familienfoto kommt, kann Eltern das Lachen schon vergangen sein. Ihr Kind ist aufgeregt und störrisch. »Ich weiß nicht, was mit ihm los ist, so erleb ich ihn sonst nicht; das wird ihm wohl alles zu viel. Eigentlich hat er sich so auf den Tag gefreut.«

Schließlich verhält sich das Kind auch noch provozierend und aggressiv. Bedenkt man, dass Aggression auch immer eine Selbstschutzfunktion hat, stellt sich die Frage, wodurch diese beim Kind aktiviert worden sein könnte. Was könnte ihm zu viel geworden sein?

Es ist die doppelte Botschaft. Gern nämlich präsentiert man den Verwandten die netten Kinder – niemandem fremd und einfühlbar ist der Wunsch, einen harmonischen Umgang miteinander und elterliche Kompetenz zu beweisen. Man demonstriert, dass man sich auskennt, an alles gedacht hat. Und befremdet die Kinder mit ungewohnten, dem äußeren Eindruck geschuldeten Reaktionen. Auch in vielen Alltagsbegegnungen, z. B. an der berühmt-berüchtigten Supermarktkasse, fühlen sich Eltern dem Druck ausgesetzt, mit einem präsentablen, gut erzogenen Kind punkten zu müssen. Und diese Selbstinszenierung zaubert den Eltern das »Cheese-Lachen« gerade in den Situationen ins Gesicht, die niemand zum Lachen findet. Ein Erwachsener kann sich dann seinen Teil denken und großzügig darüber wegsehen. Ein Kind aber nimmt authentisch wahr und ist verwirrt. Es sieht dieses Lächeln und spürt gleichzeitig eine Verärgerung über irgendetwas. Partner kennen diese Situation, wenn auf die Frage »Was hast du denn? Du hast doch was!« zur Antwort kommt: »Nichts, gar nichts, alles ok.« Auch und gerade wenn dann Schweigen herrscht, zweifelt man nicht daran, dass man da doch etwas wahrgenommen hat; man schweigt halt nur.

Kinder schweigen zunächst auch. Aber da sie noch keine gereifte Erfahrung mit der doppeldeutigen Kommunikation haben, werden sie verunsichert. Das Gesicht passt nicht zur Stimmung. Aber sie erkennen darin nicht die Verlegenheit des Erwachsenen, sondern sie geraten in Zweifel an ihrer eigenen Fähigkeit des Gedankenlesens, ihrer intuitiven Wahrnehmungsfähigkeit. Die Techniken der Erwachsenen können sie nicht durchschauen. Und anstatt sagen zu können: »Mama, mit dir stimmt heut etwas nicht«, quält sie das Gefühl, dass mit ihnen selbst etwas nicht stimmt. Wenn diese Verunsicherung weitere Nahrung findet – und damit ist so lange zu rechnen, wie die Familienfeier dauert – entsteht Verwirrung. Aus der Verwirrung entsteht Angst und aus der Angst möglicherweise Wut. Die Wut dessen, der mit dem Rücken an der Wand steht. Das ist die Wut des Angstbeißers, mit der im extremeren Fall eine Maus in größter Verzweiflung einer Katze ins Gesicht springt. »Da kann sie richtig sauer werden.« Es sieht aggressiv aus, ist aber ein verzweifelter Versuch des Selbstschutzes. Auf einer Familienfeier können Kinder schon mal wütend werden und nach der Katze treten.

> *» Die einzige Sprache, die jeder versteht, ist*
> *die Sprache des menschlichen Gesichts. «*
> *(Ernst Bloch)*

Auf Spielplätzen können Eltern ähnlich befangen reagieren, wenn sie eine Selbstverpflichtung zur Gelassenheit und Großzügigkeit empfinden. Im Streit langt ein Kind mit der Sandschaufel hin; dann hört es seine Mutter zwar mit entsetztem Gesicht, aber gleichzeitig in liebevollen Flötentönen erklären, dass das doch wehtue und dass man doch selbst auch keine Schaufel um die Ohren geschlagen bekommen wolle.

Die Diskrepanz zwischen Tönung und Stimmung, die Unstimmigkeit, die wahrgenommene Ambivalenz und Halbherzigkeit verlangen folgerichtig eine klärende Provokation. Was war nur mit Mamas Gesicht los? Die böse Tat muss wiederholt werden. Der Mutter erscheint dies wiederum wie eine freche Unbelehrbarkeit. Aus dem kleinen Bösewicht wird ein bockiger Übeltäter. Zur Strafe erfolgt Platzverweis: »Dann darfst du heute hier nicht mehr mitspielen, wir gehen nach Hause.« Das Geschrei dazu ist nur vordergründig Protest. Es ist in Wahrheit die Wut des Verwirrten, die Enttäuschung des Ratlosen.

Wie aber hätten Verwirrung und Ratlosigkeit vermieden werden können? Durch Eindeutigkeit, durch eine prompte und unmissverständliche Stellungnahme ohne Säuselrhetorik: »Nein, in diesem Land, in dieser Sandkiste, in meiner Anwesenheit wird nicht mit Schaufeln geschlagen!« Wenn das Kind dabei erschrickt, dann weiß es um den Ernst der Worte. Und wenn es beim zweiten Mal dann die Schippe nur hebt, sind Mutter oder Vater sprungbereit genug, sie ihm wegzunehmen, um glasklar Stellung zu beziehen, ihren Standpunkt einzunehmen, erkennbar zu sein. Dann wird nicht erklärt, warum es wehtut, mit einer Schippe und einer scharfen Kante auf andere einzuschlagen. Diese Erklärung hätte für das Kind eh keinen überraschenden Neuigkeitswert. Es gibt Dinge, die sind erlaubt, und es gibt andere, die sind nicht erlaubt. So und nicht anders. Und das begreift jedes Kind gerne und sofort, es will nur wissen, woran es ist.

Und ohne die Bestrafung des vermeintlichen Bösewichtes wäre die Mutter wahrscheinlich auch ohne das Geschrei des in Wirklichkeit Verwirrten davongekommen. So unmittelbar würde ein klarer Standpunkt nicht immer belohnt.

Es gibt Dinge, die sind erlaubt, und es gibt andere, die sind nicht erlaubt. Und das begreift jedes Kind gerne und sofort, es will nur wissen, woran es ist.

21
Fall mir nicht die Treppe runter!
Vom Ermutigen und Entmutigen

Bauchschmerzen des Kindes führen Eltern zum Arzt, nicht zum Psychologen. Kommt aber nach der Untersuchung die Rede darauf, dass auch »Stress und Schiss« der Auslöser sein könnten, sind Eltern oft nicht überrascht. Sie hatten das schon vermutet, wollten sich nur absichern.

Eltern kennen ihr Kind, seine Sensibilität, seine Unsicherheit, seine Ängstlichkeit. Sie haben gemerkt, dass es wiederkehrende Anlässe gibt, dass die Bauchschmerzen mit dieser oder jener Situation zusammenhängen. Und die Idee, ihr Kind zu ermutigen, haben sie natürlich längst umgesetzt: »Ständig versichern wir dem Kind, du schaffst das schon; wir ermutigen es mehr als unsere anderen Kinder.«

Dann ist natürlich guter Rat teuer, wenn das Ermutigen auch nichts gebracht hat. Aber hat vielleicht mit dem Ermutigen etwas nicht gestimmt?

Kann nicht ein Zuviel an Ermutigung sogar eine Entmutigung bedeuten? Drückt sich im ständigen Ermutigen nicht insgeheim ein Zweifel aus? Bestätigen Eltern nicht demjenigen, den sie ständig ermutigen, dass sie ihn für einen Angsthasen halten? Teilen sie nicht gerade dadurch dessen Besorgnis, bestätigen sie ihm nicht gerade dadurch, dass sie Grund haben, besorgt und ängstlich zu sein?

Das wäre nicht sündhaft, geschah es doch in bester Absicht, aber auf keinen Fall wäre es eine Ermutigung. Ein ermutigendes »Du schaffst das schon« zur rechten Zeit ist nicht verkehrt, aber ein Zuviel an Ermutigung wird in Wahrheit Entmutigung bedeuten. Ein Kind spürt, was und wie etwas gemeint ist, es kann ja Gedanken lesen. Es spürt, dass ihm eigentlich etwas Bestimmtes nicht zugetraut wird. Denn würden Eltern ihm das zutrauen, dann bräuchten sie sich nicht in ihrer Besorgnis zehnmal dazu aufgefordert sehen, ihm zu sagen, das schaffst du schon, das schaffst du schon. Die wirkliche Botschaft aber lautet: Du bist einer, den wir ständig ermutigen müssen. Du bist jemand, dem wir das Zutrauen einimpfen müssen, du bist ein Angsthase.

Die Tat zählt mehr als das Wort. Selbstverständliches bedarf nicht so vieler Worte. Je mehr Worte gemacht werden, um so weniger versteht sich eine Sache von selbst. Ermutigung liest ein Kind deshalb gerade an der Reaktion der Eltern ab. Da zählt schon mal das gesprochene Wort weniger als die Länge der Sätze. Bleiben die Eltern gelassen? Schenken sie Vertrauen? Trösten sie? Verstehen sie? Halten sie das Problem für lösbar und demonstrieren Zuversicht und Hoffnung? Machen sie aus jeder Mücke einen Elefanten?

Kinder merken, wie es gemeint ist. Und oft merken Eltern erst durch die Reaktion des Kindes, wie sie selbst es eigentlich gemeint haben, dass es ihnen aber nicht bewusst war.

Ein klassisch schönes Beispiel ist der Ruf »Fall mir nicht die Treppe runter!«. Da kann ein kleines Kind kaum noch Widerstand leisten. An der letzten Stufe spätestens wird es passieren, es wird die Besorgnis und damit die Erwartung des Sturzes realisieren. Denn es kann nicht sagen: »Meine Mutter ist von Haus aus eine eher fürsorglich-ängstliche Persönlichkeit und wählt deshalb den *dativus ethicus* ‚mir‘; ich muss bedenken, dass sie übertreibt und eher mit Sorge um sich selbst befasst ist.« Ein Kind nimmt seine Eltern für bare Münze: Da muss was dran sein, sonst würden meine Eltern nicht so handeln. Ich muss wohl so sein, wie sie mich behandeln. So selbstverständlich wie andere Kinder die Treppe runterzurasen, ohne gewarnt zu werden, ist mir nicht möglich. Meine motorischen Fähigkeiten sind aus irgendeinem Grund, den ich nicht kenne, wohl nicht überzeugend. Ich muss vorsichtig sein.

Aus Vorsicht wird Befangenheit, aus Befangenheit der Stolperer spätestens auf der letzten Stufe. Wer es richtig versemmeln will, der darf dann noch nachsetzen: »Ich hab es dir doch gesagt.«

Genau so macht man mit Watte und Samthandschuhen aus Kindern Mimosen. Andererseits wird der Junge, dem der Vater mit den Worten »Hau den Nagel rein, du kriegst jeden Nagel rein« den Hammer in die Hand gibt, langfristig eine größere Chance haben, ein angesehener Zimmermann zu werden, als der Junge, der zu hören bekommt, er habe wohl zwei linke Hände.

Dem Selbstvertrauen eines Kindes tut ein ordentlicher Schuss Fremdvertrauen (besonders von seinen Eltern) immer gut. Erst dann, wenn es erwachsen ist, braucht ein Kind diesen *Bonus* nicht mehr.

Mit Watte und Samthandschuhen macht man aus Kindern Mimosen.

22
In der Schule ist sie so gut,
daran kann es nicht liegen
Von Stress und Schiss

Ohne Bauchschmerzen kommt kein Kind davon. Mal sind sich Eltern sicher, dass es nicht so schlimm ist, mal treibt die Sorge, eine Blinddarmentzündung zu übersehen, sie doch zum Arzt. Aber auch dort zeigt sich nur selten etwas Ernstes. Beachtlich viele Kinder trinken zu viel Saft; auch Würmer sind nicht selten im Spiel. Am häufigsten sind die sogenannten *funktionellen* Beschwerden. Und die haben etwas mit Anspannung und Verspannung zu tun. Damit ist keine Angstneurose gemeint, sondern eine Verspannung, wie sie uns allen im Alltag eigen sein kann. Es gibt den Studenten in einer Prüfungssituation, der aus Angst, durchzufallen, Durchfall bekommt. Das ist salmonellenfreier, aber echter Durchfall. Genauso sind Bauchschmerzen bei schulpflichtigen Kindern oft durch Schulstress bedingt. Das Anforderungsprofil kann für den einen zu hoch sein, der andere kommt mit seinen Mitschülern nicht zurecht. Es gibt leider viele Gründe, warum Kindern in der Schule der Spaß vergeht. Kunst, Musik und Sport führen ein durch Lehrpläne erzwungenes Schattendasein. Die Lehrpläne bedrängen Lehrer, mehr für den Stoff und ihr Fach als für die Kinder da zu sein (und manchen Lehrern genügt das auch). Politisch gut gemeinte Reformen wie die Einführung der Inklusion werden installiert, ohne die notwendigen Ressourcen bereitzustellen. Probleme werden medikalisiert und durch die Empfehlung an Eltern, eine *Ergotherapie* oder *sensomotorische oder psychomotorische* Therapie einzuleiten, zu Krankheiten erklärt. Die Schule kann ihren pädagogischen Auftrag immer weniger selbst wahrnehmen. Fachleute sehen einen wesentlichen Grund in der Schulbürokratie, die ja weniger von Pädagogen als von Juristen und Verwaltungsfachleuten in den Ministerien dominiert wird. G8, also das Abitur in acht Jahren Oberschule, ohne am Lernpensum etwas wesentlich zu verändern, ist das schlimmste Beispiel. Kinder geraten in Zeitpläne, die jedes Wissen um Biorhythmen und Lernstrategien ignorieren und bei Erwachsenen die Gewerkschaften auf den Plan rufen würden. Spiel-, Lebens- und Erfahrungsräume ohne Schule werden gekürzt – weniger Sport und Spiel, weniger Musik und Freizeit, weniger Langeweile und Entspannung.

Müßiggang ist aller Lasten Anfang,
aller Tugenden Krönung. (Franz Kafka)

Zu viel Stress ist ein Problem; ein anderes ist die fehlende Entspannung. Spannung im Normalbetrieb ist Kraftstoff und Antrieb. Zum Problem wird die Dauerspannung bei nicht ausreichender Entspannung. Ausreichende Entspannung ist für unser Gehirn so wichtig wie der Schlaf. Wenn wir schlaflos werden, werden wir verrückt. Und wenn wir Kindern keine Freiräume geben, werden die auch verrückt. Und für diese Freiräume sind nicht nur die Schulen, sondern auch die Eltern gefragt. Die Stundenpläne nach der Schule gestalten die Eltern mit. Und auch Eltern müssen sich prüfen, ob sie für die Kinder da sind oder mehr für ein reibungsloses Multitasking im Karriereaufbau. Damit hätten es Lehrer doppelt schwer, weil Kinder (und besonders die Jugendlichen) doppelten Grund hätten, sich zu verweigern.

Wer Bauchschmerzen bekommt, wird nicht gleich verrückt. Und er ist in der Regel auch nicht von einer krisenhaften Einschränkung seiner Lebensbedingungen oder von einer Angstneurose bedroht. »Schiss« bedeutet nicht dasselbe wie Angst.

Kinder sind unterschiedlich sensibel und widerständig. Und sie bedürfen der Herausforderung, um ihre Fähigkeiten kennenzulernen. Aber es kann eben jenseits einer Herausforderung bei den weniger widerständigen Kindern zu einer Überforderung kommen, zur Verspannung. Und dann bekommen diese Kinder Bauchschmerzen und dadurch das gewährt, was sie offenbar dringend brauchen: Entspannung, eine Auszeit. Sie werden aus der Schule abgeholt oder dürfen noch einen Tag zu Hause bleiben. Keine Frage, dass dieser *sekundäre Krankheitsgewinn* zur Wiederholung verführt und auch weniger von Überforderung bedrohten Schülern attraktiv genug erscheint, ähnliche Beschwerden zu beklagen. Die Unterscheidung ist nicht immer leicht. Aber ein Erstklässler, der sich monatelang auf die Einschulung freute und nach wenigen Monaten jeden Morgen außerhalb der Ferien mit heftigen Bauchschmerzen die Eltern ratlos macht, darf des Simulantentums unverdächtig sein. Die einfachen Erklärungen reichen in der Regel nicht. Diese Beschwerden treten nicht besonders montags auf und sonntags nie. Sondern gerade das Wochenende kann belastet sein, weil dann die gefürchtete Woche bevorsteht. Und der Gedanke, dass das Kind in der Schule ja keine Probleme habe, berechtigt nicht zu der Annahme, dass dieses Kind nicht von Stress und »Schiss« betroffen ist. Denn ganz im Gegenteil könnte doch der souveräne, entspannte Schüler genau derjenige sein, der sich eine Vier leistet, ohne kalte Füße wegen der Nähe zur Fünf zu bekommen. Aber der sensible, ängstliche Schüler bekommt schon bei der Zwei ein mulmiges Gefühl. Also sind gerade die Schüler, die sich, um keine Angst aufkommen zu lassen, auf eine Eins fokussieren, viel gefährdeter als die, die mit einer Drei bis Vier gemach durchs Leben kurven.

Nicht die Leistungsfähigkeit, sondern der Leistungs-druck, unter den Kinder sich selbst setzen und auch gesetzt sehen, ist bedeutend. Und auf das Ausmaß bzw. die Regulierung dieses Leistungsdrucks haben Lehrer und Eltern wesentlichen Einfluss. Egal, ob ein Kind nur in einem oder in allen Fächern »schlecht« ist: Schule muss auch den weniger Begabten Spaß machen.

Wenn Schule dem Leitbild des *homo philosophicus* mehr Aufmerksamkeit schenken würde als dem von Marktgerechtheit erzwungenen *homo oeconomicus,* wenn sie eine Schule fürs Leben und nicht für das Zensuren-Wettrennen sein will, dann muss sie selbst auf Goethe hören, der Mephistopheles sagen lässt:

»Was ihr nicht fasst, das fehlt euch ganz und gar,
Was ihr nicht rechnet, glaubt ihr, sei nicht wahr,
Was ihr nicht wägt, hat für euch kein Gewicht,
Was ihr nicht münzt, das, meint ihr, gelte nicht.«

**Schule muss auch den weniger Begabten
Spaß machen.**

23
Zuhause kann er alles;
bei den Arbeiten ist es weg
Vom Zumuten und Zutrauen

Welche Hilfen können Eltern bei Problemen in der Schule anbieten? Liegt es nicht doch an einem bestimmten Lehrer, an der falschen Klasse? Löst nicht ein Schulwechsel alle Probleme?

Auch Eltern können Anspannung verstärken oder vermindern. Wenn vom Lehrer oder der Lehrerin bei Schulproblemen der gutgemeinte Rat kommt: »Kümmern Sie sich ruhig etwas mehr um seine Hausaufgaben«, dann ist das oft nicht die Lösung des Problems.

Mehr kümmern heißt dann schnell mehr helfen. Eltern ermahnen, mit den Schularbeiten zu beginnen oder dabeizubleiben, sitzen bei den Schularbeiten

daneben, lassen sich abfragen anstatt selbst das Ge-
paukte abzufragen. Auf die Spitze getrieben könnte
ein Kind sich hören lassen mit dem Satz: Ich konnte
ja nicht mit den Schularbeiten anfangen, du warst ja
nicht da.

Je umfangreicher Eltern eingreifen, umso größer wird
die Abhängigkeit von dieser Hilfe. Wie beim Recht-
schreibkorrektur-Programm am Computer wird die
eigene Kompetenz vernachlässigt. Im Dunstkreis der
beobachtenden und Fehler verhindernden Mutter
darf laviert und probiert werden. Aber fatalerweise
ist dann die richtige Lösung einer Aufgabe auch ein
geschmälerter eigener Verdienst. Unter der Hand,
mit der sich das Kind stolz auf die Schulter klopft,
liegt schon Mutters Hand. Gut vorstellbar ist, dass es
dann bei einer Klassenarbeit an Erfahrung fehlt, Aufgaben selbstständig zu lösen. Allein die Abwesenheit
der Hilfsperson bedeutet schon Stress.

So viel Hilfe wie nötig und so wenig wie eben möglich – da können nun ängstliche Eltern auf der einen
und unbesorgte Eltern auf der anderen Seite zu sehr
unterschiedlichen Einschätzungen kommen. Hilfsbereitschaft ist eine gesellschaftlich hoch angesehene
Tugend; der Helfer macht stets eine gute Figur. Das
die Medaille zwei Seiten hat, wird bei der politischen
Auseinandersetzung um gesellschaftliche Hilfssyste-
me immer wieder deutlich.

Hilfsbedürftigkeit löst Hilfsbereitschaft aus. Aber
es besteht die Gefahr, gerade beim besonders

Hilfsbedürftigen des Guten zu viel anzubieten und ihn weniger Erfahrung mit seiner Selbstständigkeit und Selbstwirksamkeit machen zu lassen. Auch gesellschaftlich bedarf es immer wieder der Erinnerung, dass zum Fördern das Fordern gehört. Ein Weniger ist immer erwägenswert, um die Selbstkompetenz eines Kindes zu stärken. Denn ein Kind, das wie ein behindertes Kind behandelt wird, wird die Begründung bei sich selbst suchen und sich dementsprechend behindert fühlen und letztlich auch benehmen. Durch Besorgtheit und Gefälligkeit wird so aus einem gottgewollten kleinen Unterschied ein großer: Das selbständigere Kind wird immer selbständiger, während das umsorgte bedürftig bleibt. Es ist wie beim sportlichen Wettkampf: Der Olympiasieger hat durch intensives Training aus einem kleinen Begabungsvorsprung eine große Überlegenheit gemacht. Seine Fortschritte, seine Erfolge, sein Erleben von Selbstwirksamkeit haben ihn motiviert. Damit der Unsportliche nicht auf dem Sofa endet, muss auch er motiviert werden, braucht er die ihm angemessenen Erfolgserlebnisse, sein Kompetenzerleben. Ein Fahrrad mit Hilfsmotor täuscht eigene Kraft vor. Erst wenn die kleinen Unterschiede akzeptiert werden anstatt Frustrationen zu erzeugen, wenn Schulunterricht auch den weniger Begabten Freude statt Bauchschmerzen beschert, wenn Eltern sich nicht mehr gezwungen sehen, mit übergroßer Unterstützung Defizite zuzudecken, dann haben Kinder eine Chance, selbstständig und selbstbewusst zu werden. Denn für das Selbstbewusstsein bedarf es der Selbstanerkennung, und die wiederum ist ohne Selbstwahrnehmung und Selbsterfahrung nicht zu haben. Die einfachste Form der Selbstwahrnehmung ist die körperlich-sinnliche. Musik, Kunst und besonders Sport sind die Säulen dieses Gebäudes. Die vor Selbstbewusstsein platzenden Sport-Champions sind ein beredtes und manchmal auch zu viel redendes Beispiel.

So ist der Rat an Eltern, bei Schulproblemen vorsichtig den Rückzug aus dem Schularbeitenzimmer anzutreten, eine Erinnerung daran, dass Weniger auch mal mehr sein kann. Weniger Hilfe anzubieten heißt auch, dem Kind mehr zuzutrauen. Was wie eine Zumutung erscheinen mag, bedeutet auch eine Ermutigung. Denn wie erschwerend ist es für ein Kind, an seine Kräfte zu glauben, Selbstvertrauen zu haben, wenn seine Eltern ihr Vertrauen nicht zeigen. In jeder Zumutung steckt auch ein Zutrauen. Ohne *Herausforderung* wird eine eventuelle Überforderung nicht erkennbar. Angst vor Herausforderung macht misstrauisch gegenüber dem Leben, das immer und stets neu herausfordert. Zumuten, dem Mut etwas anvertrauen, dem Kind etwas zutrauen: Das gelingt umso eher, je mehr Eltern ihre eigenen Ängste und Zweifel überprüfen. Und das nicht nur bei den Schularbeiten. Jedes zweijährige Kind schimpft: »Alleine, alleine!«, wenn es im Haushalt beim Einräumen und Ausräumen hilft. Es möchte aktiv mitmachen, will sich nichts aus der Hand nehmen lassen.

Daraus können Alltagskompetenzen wachsen, wenn man die Kinder nur lässt und mitnimmt beim Tischdecken und Abräumen, beim Fegen und Mülltragen, beim Gemüseputzen und beim Fensterputzen. Jedes Mal ein bisschen mehr. Es ist noch kein Meister vom Himmel gefallen. Es kommt, wie es kommt. Und wenn etwas ohne Hilfe der Eltern gelingt, ohne den Schatten des Vaters, ohne das Soufflieren der Mutter, dann fällt der Sonnenstrahl des Erfolges auch allein auf das Kind. Und für andere nützlich sein, selbst Helfer sein – welch eine Aufwertung. Der Satz »Ich brauche jetzt mal deine Hilfe« kann Berge versetzen.

Zumuten, dem Mut etwas anvertrauen, dem Kind etwas zutrauen, zu sagen: »Ich brauche jetzt mal deine Hilfe« – das kann Berge versetzen.

24
Ich weiß doch, dass du das kannst
Vom Loben und Kränken

Lachen und Loben sind positive Verstärker. Genauso wie ein Tadel das Kind in Selbstzweifel bringt, so fördert ein Lob die Selbstgewissheit: Das war gut und richtig, ich bin *in Ordnung*. Ein Lob kann auf ein Kind wirken wie ein Zündfunken. Wie ein Trick. Gerade hat sich ein Kind noch gewehrt gegen eine Blutentnahme beim Arztbesuch. Mutter und Assistentin mussten ordentlich festhalten. Es ist betrübt oder auch sauer, hatte es doch versprochen, zu helfen. Wenn aber die allerkleinste Hilfe nicht übersehen worden ist, lässt sich noch ein Lob rechtfertigen: »Danke, dass du so gut geholfen hast. Ich habe gemerkt, dass du den Arm dann doch ganz ruhig halten wolltest, auch wenn wir etwas mithelfen mussten. Ohne deine Hilfe hätten wir es nicht geschafft.« Dem Ausgeliefertsein tritt so ein Stückchen

Eigenkompetenz an die Seite. Selbst mit der gemeinhin gefürchteten Spritze lässt sich das Belohnungssystem aktivieren, wenn ein Lob einigermaßen gerechtfertigt erlebt wird. »Du hast es geschafft, trotz deiner Angst.« Die nächste Blutentnahme wird leichter sein.

Ein Lob folgt der besonderen, der wichtigen, der neuen, vielleicht der einmaligen Leistung. Eine Belobigung ist eine Belohnung, auch wenn der Korb nicht immer so hoch hängen muss wie bei einer Blutentnahme. Kinder können sich auch bei kleinen Aufgaben bewähren, bei kleinen Ängsten und bei kleinen Schäden. Mit Lösungen, die es findet, belohnt sich das Kind selbst, aktiviert sein *Belohnungssystem* im Gehirn. Das macht Lust auf neue Problemlösungen, Lust aufs Klügerwerden.

Das pädagogisch wertvoll gemeinte »Loben Sie Ihr Kind öfter« muss aber auch mit Vorsicht genossen werden. Wie bei einer Inflation kann auch ein Lob entwertet werden. Auf Kinder, die zu viel und für alles gelobt werden, wirkt ein Lob umso abfälliger, je banaler der Anlass war. Die Eltern meinen es zwar gut, aber die Kinder spüren die geheime Botschaft des inflationären Lobes. Wer jeden Abend fürs Zähneputzen gelobt wird oder für jeden Strich auf dem Papier ein »Bravo« erwarten darf, und wer mit jeder Milchmädchenrechnung die künftige Mathematikprofessorin beweist, der darf skeptisch werden. Für wie schlicht, wie dumm, wie bedürftig muss man wohl gehalten werden, wenn schon Banalitäten gefeiert werden? Und so fühlen die Kinder sich durch übermäßiges Lob nicht bestätigt und ermutigt. Denn wenn Selbstverständliches zu einer besonderen Leistung erklärt wird, dann kann das Zutrauen in die Fähigkeiten wohl kaum allzu groß sein. Gleichzeitig spürt das Kind, wie betont wichtig den Eltern Leistung ist. Die Idee der Eltern ist sicher eine andere. Aber wie so oft gilt auch hier: Weniger ist mehr.

Wenn ein Kind den Eindruck haben muss, dass man ihm wenig zutraut, leidet auch sein Selbstvertrauen. Es wird unsicher werden und versuchen, seine Eltern nicht zu enttäuschen. Statt Herausforderungen anzunehmen, statt Fehler zu riskieren, statt Unbekanntes auszuprobieren, statt Kreativität zu entwickeln, wird es sich im Zweifelsfall verweigern. Das Kind spürt einen Anspruch, dem es eventuell nicht genügen kann. Und hat intuitiv gemerkt, was die Eltern nicht gemerkt haben, nämlich dass hinter zu viel Lob der Wunsch und der Anspruch verborgen sind, das Besondere, das erwünschte Talent, die beglückende Begabung herauszustimulieren. Als würde ihnen ihr einzigartiges, aber normales Kind nicht reichen. Da droht Überforderung. Gerade bei leistungsbewussten Eltern kann das Thema Leistung im Umgang mit dem Kind dominieren. Die deutlicheren Zuwendungen und die größere Aufmerksamkeit erfährt das Kind mehr am Schreibtisch als auf dem Schoß. Leistung wird zu einem tragenden Beziehungsaspekt. Und Beziehung bedeutet den Kindern alles. Dann sind aber das Ausbleiben einer Leistung, die falsche Antwort, der missglückte Sprung bedrohlich für die Beziehung, für Anerkennung und das Selbstwertgefühl. Der Ausweg für das Kind heißt *Enttäuschungsprophylaxe*. Alles, was nicht sicheres Lob verspricht, wird vermieden, mal durch Albernheiten, mal durch Verweigern. Nur vertrautes Terrain wird noch betreten. Versagen könnte die Beziehung belasten. Rückzug und Schweigen sind die Antwort und können dann ihrerseits zum Problem werden. Denn enttäuschte Eltern reagieren normal, wenn sie dann nach der Strategie »mehr desselben« verfahren und mit noch mehr Lob das Kind ermutigen wollen. Das Problem schaukelt sich hoch; man kann es auch mit einer Beschleunigung in der Sackgasse vergleichen. So führt manchmal erst ein *nervöser Tic* des ausweglos angespannten Kindes am Ende der Sackgasse dazu, professionelle Hilfe in Anspruch zu nehmen.

**Wer jeden Abend für's Zähneputzen
gelobt wird, der darf skeptisch werden.**

25
Was gibt's denn da zu lachen?
Vom Predigen und Tadeln

Modernen Eltern ist bewusst, dass Schimpfen und Schlagen im Erziehungsrepertoire gestrichen sind. Völlig zu Recht, denn Schimpfen und Schlagen machen das Kind zum alleinigen Problemträger: Du hast was falsch gemacht, du bist nicht in Ordnung, du bist das Problem.

Hirnforscher erklären, dass Kinder wohl bis zum sechsten Lebensjahr einen Tadel auch als Kritik an ihrer Person und nicht nur an einer Handlung verstehen. Für das Selbstgefühl des Kindes bedeutet das: Ich bin schlecht, bin nicht richtig. Wichtig ist, *wie* man es sagt. Es hat größte Bedeutung – wenn es denn sein muß – nur die Handlung zu kritisieren: »Was hast du denn da Verrücktes gemacht?«, und nicht: »Du bist wohl verrückt.« Dabei signalisieren eine ruhige Stimme und möglichst ein Lächeln, dass Probieren erlaubt ist, dass es einen neuen Versuch wert ist.

Das Problem ist immer die Situation. Und Erziehung funktioniert nicht durch Predigen und Schimpfen, sondern durch die Art und Weise, wie Erwachsene die Situation gestalten und *Stellung* nehmen. Gestaltung erfolgt durch Handlung, nicht durch Worte, durch Bestätigung erwünschten Handelns oder durch Unterbrechung und Verhinderung unerwünschten Handelns.

»Bis hierhin und nicht weiter« – Eltern setzen Grenzen. Noch besser: Eltern benennen Grenzen, damit es nicht schrankenlos zugeht. Sie sagen, wo ihre eigenen Grenzen sind. Dann heißt es nicht: »Lass mich mal fünf Minuten in Ruhe«, sondern viel charmanter: »Ich brauche jetzt mal fünf Minuten Ruhe, dann hab ich Zeit für dich.« Grenzen sind Schutzzäune, keine Gefängnisgitter. Auch Eltern brauchen Schutzzäune und sind dann Vorbild in *Raumgestaltung*.

Grenzen sind Schutzräume,
keine Gefängnisgitter.

Wenn etwas also nicht wie eine Zurückweisung klingt, sondern wie ein Beziehungsangebot: Welch tolle Gelegenheit, es den Eltern recht zu machen. Erziehung ist Beziehung. Und Beziehung bedeutet für die Kinder alles, das ist ihre Überlebensgarantie. Sie lernen nicht für das Leben, sondern sie lernen für den Lehrer und die Eltern. Und die führen sie ins Leben. Welches Kind käme schon von sich aus auf die Idee, in die Schule zu gehen und sich das alles anzutun. Aber Kinder tun das, weil sie dafür durch die Beziehung zu ihren Eltern belohnt werden. Sie wissen, dass sie das für *das Angesehensein* tun. Sie werden auch einem Lehrer jeden Wunsch erfüllen und zu allen Leistungen bereit sein, wenn der Lehrer ein entsprechendes Beziehungsangebot macht. Manchmal glauben Lehrer, dass sie die Beziehung erst anbieten können, wenn die Leistung stimmt: »Streng dich erst mal an, dann kommen wir zusammen.« Umgekehrt, und nur umgekehrt, wird ein Schuh daraus.

Es ist wie mit der Henne und dem Ei. Ist ein Kind faul und lustlos oder wird es dazu? Ist »faul und lustlos« ein Persönlichkeitsmerkmal oder Hinweis auf einen misslungenen Beziehungsaufbau? Kinder sind neu*gierig* und lernbe*gierig*; je jünger sie sind, umso eindrucksvoller lässt sich ihre Lernlust beobachten. Was ist geschehen, wenn sie diese »Gier« und Lust verlieren? Wie bereit sind sie doch, sich einnehmen und fesseln zu lassen, wenn ihnen eine persönliche, wohlwollende Beziehung angeboten wird. Sie lesen Wünsche von den Augen ab und überschlagen sich vor Freude, wenn sie nur das Lächeln im Augenwinkel zurückbekommen. Das gehasste Latein wird zum Lieblingsfach, weil der neue Lateinlehrer so ein niedlicher und lieber alter Herr ist, der jeden Schüler gern hat.

Ein Beziehungsangebot ist es, was Kinder stimuliert und motiviert. Und Grenzen markieren den Raum, in dem dies gelebt wird. Es darf dabei gelacht werden. Durch Freude zum Fleiß. Und das gilt nicht nur für die Schule. Lachen ist das schönste Beziehungsangebot und der beste Beziehungsbeweis – das sichtbare Lob. Im Lachen gedeihen die Kinder. Sie hängen an den Augen des Lachenden, nicht an den Lippen des Predigers.

> » Heiterkeit oder Freudigkeit
> ist der Himmel, unter dem alles
> gedeiht. « (Jean Paul)

26
Bin ich wirklich euer Kind?
Vom Besondern und Absondern

Ein Kernsatz der Behindertenpädagogik lautet: So normal wie möglich, so besonders wie gerade nötig. Darin spiegelt sich die Erfahrung, dass übertriebene Hilfe noch hilfloser macht und dass im Normalen das Gefühl von Zugehörigkeit vermittelt wird. Darum ist das Wort »*besonders*« in besonderem Maße geeignet, auf Konstruktionen, d. h. auf Fantasien, Wünsche und Vorstellungen der Eltern aufmerksam zu machen, wenn diesen das normale Betriebsklima für ihr Kind nicht ausreichend erscheint. Das Wort »besonders« kann sich unscheinbar in einem Satz verstecken und lässt doch schlagartig Gefühle und Motivationen wie vom Lichtstrahl getroffen aufleuchten. Und kann dann den Schlüssel dafür bieten, scheinbar paradoxe Reaktionen eines Kindes verständlich zu machen.

Typisch lässt sich das am Beispiel eines eifersüchtigen Kindes zeigen. Die Eifersucht will Eltern gerade deswegen ganz unbegründet erscheinen, weil doch eigentlich speziell dieses Kind eher mehr Aufmerksamkeit bekomme, weil man sich ja gerade bei diesem Kind jedes kritische Wort zweimal überlege, weil man gerade diesem Kind keine Gelegenheit geben wolle, sich zurückgesetzt zu fühlen. Vielleicht, weil es ungeplant war, vielleicht, weil es eine schwere Krankheit überstanden hat, vielleicht, weil es einen anderen Elternteil hat, vielleicht, weil es ein alles überstrahlendes Geschwister hat, vielleicht, weil ein Elternteil sich in ihm wiedererkennt, vielleicht auch, weil es im Herzen seiner Eltern nicht ausreichend Platz gefunden hat. Ein Grund zur Besorgnis löst ein besonderes Bemühen um Fairness aus.

Aber in dem Wort »besonders« steckt das Wort »sondern«, und darum ist jede Besonderung auch eine Absonderung. Und »besonders gut« weist darauf hin, dass »normal gut« für nicht ausreichend gehalten wird. Die Extraportion Fairness soll die Gefahr der Unfairness verdünnen. Ohne jemals von Sigmund Freud und der Reaktionsbildung gehört zu haben, ist jedes Kind hellhörig genug für diesen *Unterton*. Seine feine Nase riecht den Braten. Mit der Besonderung machen Eltern sich verdächtig und das Kind misstrauisch – wie der Autofahrer, der der Polizeistreife wegen besonders penibler Einhaltung der Geschwindigkeit auf einer nächtlichen leeren Straße auffällt. Das Kind muss glauben, dass mit ihm selbst etwas nicht stimmt. Und ist verstimmt und eifersüchtig auf die gute Stimmung der Geschwister. Denn die bekommen deutlich gesagt, was ihm nur vorsichtig geflüstert wird. Und dadurch fühlt es sich ausgegrenzt. Wenn man z. B. drei Geschwistern einen Euro schenkt und dem vierten zwei Euro, dann wird man dieses übervorteilte Kind beunruhigen: Wofür werde ich entschädigt? Wofür werde ich belohnt? Welche Erwartungen lauern?

Würde zum Beispiel ein Neugeborenes von Eltern adoptiert, die dann später auch noch eigene Kinder bekommen, und hätten diese Eltern immer großen Wert darauf gelegt, den Adoptionsstatus des ältesten Kindes zu verschweigen, so könnte es ihnen passieren, dass das adoptierte Kind sie vielleicht als Jugendlicher mit der Frage überrascht: Bin ich wirklich euer Kind? Sollten sich die Eltern dann wie bei einem Unrecht Ertappte um die Antwort herummogeln wollen und darauf hinweisen, dass sie es doch nie an Großzügigkeit und Rücksichtnahme hätten fehlen lassen, dass sie nie einen Grund für Zweifel an Fürsorge und Geduld gegeben hätten, dann könnte die Antwort des adoptierten Kindes lauten: Gerade weil ihr mir gegenüber immer besonders großzügig und rücksichtsvoll wart, gerade weil ihr um meine möglichen, mir unterstellten Zweifel so besorgt wart, sind mir die Zweifel gekommen. Alles tatet ihr, um Zweifel zu beschwichtigen; jede Beschwichtigung weckte den Zweifel. Bei meinen Geschwistern wart ihr immer weit weniger bedacht darauf, nicht ungerecht, nicht gemein, nicht unaufmerksam, nicht ironisch, nicht ungeduldig zu sein. Mich habt ihr immer anders behandelt, mit Samthandschuhen angefasst, seid großzügiger, vorsichtiger und bemühter gewesen. Ich hatte immer das Gefühl, nicht richtig dazuzugehören, weil ihr euch immer bemühtet, mir zu beweisen, dass ich dazugehöre. Denn wenn ich ganz selbstverständlich zu euch gehören würde, hättet ihr euch keine Sorgen machen müssen, dass ich mich nicht dazugehörig fühlen könnte. Und weil es offenbar eines besonderen Beweises bedurfte, ist mir der Verdacht gekommen, dass ich diesen Sonderstatus habe, weil ich ein adoptiertes Kind bin.

So erstaunlich es immer wieder sein mag, wie präzise Kinder diese hintergründigen Bedeutungen intuitiv – quasi gedankenlesend – wahrnehmen, so wichtig ist es für Eltern, das zu erkennen und anzuerkennen. Damit sie sich immer weniger schwer tun, ihre eigenen geheimen Botschaften zu entschlüsseln statt den Boten zu maßregeln. Das Wort »besonders« eignet sich ganz besonders zum Üben.

> *»Besonders gut« weist darauf hin, dass*
> *»normal gut« für nicht ausreichend*
> *gehalten wird.*

27
Seit unserer Trennung dreht er durch
Wiedergutmachen und Bessermachen

Auch Scheidungskinder haben es mit besonderen Eltern zu tun. Schuldgefühle und der Gedanke an die besondere Belastung der Kinder lassen Eltern schnell großzügiger werden: Etwas mehr Saft, ein bisschen mehr Fernsehen, »Mein Kind hat es mit der Trennung schon schwer genug«. Und was passiert? Das Kind wird immer schwieriger. Und natürlich wird das wiederum auf die Probleme zurückgeführt, die das Kind mit der Trennung hat. Insbesondere wenn die getrennten Eltern um die Gunst des Kindes konkurrieren, kann das bis zur Verhätschelung führen. Es ist geradezu so, als müsse man dem Kind vorübergehend die Erziehung ersparen, um ihm gutzutun, besonders gutzutun. Erziehung erscheint dann wie eine Belastung, der man ein Kind nur unter glücklichsten Umständen aussetzen darf.

Ein Kind aber wird das plötzliche Nachlassen elterlicher Erziehungsbemühungen nicht als einen Gewinn erleben, sondern als Nachlassen des Interesses: Erst geht Papa, und für Mama bin ich auch nicht mehr so wichtig. Meine Freunde dürfen das alles auch nicht, meine Mutter war früher viel strenger – bin ich nicht mehr so wichtig? Hat Mama, hat Papa mich nicht mehr lieb? Und anstatt die neuen Freiheiten zu genießen, wird das Kind *provozieren*, d. h. prüfen, wie weit es gehen muss, um die Eltern zu einer normalen Reaktion zu bewegen. Es wird immer schwieriger. Es ist also nicht unmittelbar die Trennung, die das bewirkt, sondern die Konstruktion, besser gesagt: die *Selbstinstruktion*, die sich die Eltern geben – ihr geändertes Verhalten. Die besondere Situation hat aus normalen Eltern besondere Eltern gemacht.

Beim Wiedergutmachen gibt es auch ein Zuviel des Guten. Und natürlich merken Kinder so etwas – und wundern sich. Denn nicht Schokolade und Freizeitpark sind ihnen Liebesbeweis, sondern unerklärte Aufrichtigkeit, Zärtlichkeit, Sorgfalt, Bedachtheit, Vertrauen. Erziehung eben. Da darf es bei Oma und Opa noch so viele Kekse geben – die können nicht und wollen nicht Konkurrenten sein.

Beim Bessermachen ist es nicht anders.

Mein Kind soll es besser haben – dieser Satz war lange Allgemeingut. Und erfreulicherweise verwirklichte er sich auch für viele Kinder, deren Eltern und

Großeltern begrenzte Möglichkeiten hatten, z. B. in der Nachkriegszeit.

Schwieriger wird es, wenn es nicht um Ausbildung und Wohlstand geht. Wenn Eltern sagen: Ich habe unter meinen strengen Eltern gelitten, das sollen meine Kinder von mir nie sagen müssen! Ich werde es ganz anders als meine Eltern angehen. Diese Selbstverpflichtung kann in ähnlicher Weise wie beim Trennungskind dazu führen, dass das Wort »streng« verpönt ist. Und um immer einen sicheren Abstand zum Strengsein zu halten, wird im Zweifelsfall alles vermieden, was auch nur verdächtig ist, *streng* zu sein. Und am Ende macht sich sogar *Anstrengung* verdächtig. Dann wird es natürlich schwierig, Autorität zu zeigen, auf Regeln zu bestehen, zu tadeln, zu bestimmen. Es wird sogar schwierig, Nein zu sagen und zu fordern – zu erziehen.

Beim Bessermachen droht das Nichtmachen. Und natürlich merken Kinder auch so etwas.

Beim Wiedergutmachen gibt es auch ein Zuviel des Guten.

28
Der will mich ärgern
Vom Wiederholen und Wüten

In der Kindererziehung wird oft mehr geredet als gehandelt. Bis zu hundertmal mehr. »Das kann ich hundertmal sagen, mein Kind nimmt mich ja gar nicht ernst.«. Die (Nicht-)Reaktion wird entweder als ausgeprägter Eigenwille des Kindes oder als Missachtung und Kränkung wahrgenommen: »Er macht es trotzdem. Er macht sich sogar ein Vergnügen daraus, als wollte er mich ärgern. Wenn er sich der Stereoanlage nähert – und er weiß genau, dass er das nicht darf – prüft er ganz genau den Abstand zu mir, damit er die Anlage vor mir erreicht.« Eltern, die das erleben, haben nicht gemerkt, dass das Kind ein Spiel aufnimmt, das ihm von Mutter oder Vater angeboten wurde. Das Spiel heißt: Nimm mich nicht ernst. Ich tue nur so, als ob. Ich habe es dir zwar zehnmal gesagt, aber ich habe es auch zehnmal nicht ernst gemeint. Denn hätte ich es wirklich ernst gemeint, dann wäre ich ja nach dem ersten Mal hingegangen, hätte deine Hand von der Stereoanlage genommen und gesagt: »Nein, nicht anfassen!« Vielleicht noch ein zweites Mal. Und dann wäre die Sache erledigt gewesen.

Die ständige Wiederholung hat ein Spielchen entstehen lassen; das Lachen des Kindes dabei ist nicht frech, sondern auffordernd. »Lässt du wohl Mamas Handtasche stehen!«, »Na warte, wenn ich dich erwische«, »Bist du schon wieder am Telefon?« Kinder lieben solche Spielchen. Und sie dürfen auch weiterhin gespielt werden, wenn sie so gemeint sind und es hinterher keinen Ärger gibt. Wer aber seine Stereoanlage nicht als Spielzeug freigibt, der soll dieses Spielchen auch nicht spielen.

Wie bei der Steckdose; die ist nicht zum Spielen da.

Kinder sind klug genug, Stereoanlage und Steckdose nicht zu verwechseln.

Bezeichnenderweise gibt es mit der Steckdose nämlich keine Probleme. Da ist das Kind zwar mal rangegangen, aber danach hat es sich an das Verbot gehalten. Denn als es um Leben und Tod ging, als es wirklich ernst war, da haben die Eltern unmissverständlich klargemacht, dass das Verbot auch ernst gemeint war. »Seitdem fasst der keine Steckdose mehr an.«

Eltern mögen im Glauben sein, keine Unterschiede zu machen, bis ihnen das kluge Verhalten des Kindes eine klare Antwort gibt: Nein, Mama, das mit der Steckdose, das war ernst gemeint. Aber das mit der Stereoanlage, das war nicht ernst gemeint, das hat sich *eingespielt*.

Zehnmal sagen bedeutet neunmal nicht ernst meinen. Das ist Inflation und die bedeutet Abwertung. Das inflationär gebrauchte Wort ist nur noch ein Zehntel wert, wird wertlos. Wenn Sprache wertvoll bleiben soll, dann muss das gesprochene Wort gelten. *Es gilt das gesprochene Wort.* Wenn Eltern beginnen, darauf zu achten, wie oft sie sich wiederholen, erschrecken sie sich manchmal über die Häufigkeit und staunen darüber, es vorher nicht bemerkt zu haben. Erst wenn man etwas bemerkt, hat man auch die Wahl, es zu lassen. Immer öfter, immer schneller, irgendwann rechtzeitig. Dann kann man sich auf die Zunge beißen und sich bewegen, anstatt zu reden. Und wer sich nicht bewegen mag, der sagt am besten gar nichts und schaut sich in aller Ruhe an, wie das Kind die Stereoanlage bespielt.

Aus dem Spiel wird sehr schnell Ernst, auch wenn die Stereoanlage gar nicht gelitten hat. Bei der elften Ansage ist es mit der Geduld der Eltern vorbei. Es kündigt sich an. Die Stimme wird lauter, der Kopf wird röter, der Vater kriegt einen Hals und stürmt endlich los, beim elften Mal. Wenn genug Dampf im Kessel ist, kommt die Bewegung wie eine Explosion. Das Wiederholungsritual wird zum sich wiederholenden

Wutritual. Auch das kann sich einspielen. Aber für das Kind ist es fatal. Ein vermeintliches Spiel endet – unvorhergesehen oder nicht – in einer Wut- und Machtszene. Aus Bequemlichkeit, Halbherzigkeit und Verlegenheit resultiert eine Störung der Beziehung. Das scheinbar Spielerische schlägt um ins Bedrohliche. Die Komödie wird zum Drama voll Wut und Geschrei. Die aneinandergereihten kleinen Unsicherheiten der Eltern führen zur großen Verunsicherung des Kindes. Das Kind hatte keine Wahl. Die Eltern hätten eine Wahl gehabt.

Wenn am Ende genug Tränen geflossen sind, wird statt des Machtwillens die Not des Kindes erkennbar sein: Mama, Papa, habt ihr mich noch lieb? Wenn es Eltern (noch) nicht gelang, Wut und Ärger zu vermeiden, dann müssen sie jetzt wenigstens das Kind von Schuldgefühlen entlasten: Ach, wir haben wieder mal viel zu spät reagiert. Und dann werden wir wütend und das tut uns leid. Welche Worte Eltern auch finden mögen, eine Bestrafung des Kindes muss ausgeschlossen sein. Es würde für seine Klugheit bestraft und könnte daraus die falschen Schlüsse ziehen.

Zehnmal sagen bedeutet neunmal nicht ernst meinen – es gilt das gesprochene Wort.

29
Hast du das immer noch nicht verstanden?
Vom Erklären und Klarmachen

Ein Kleinkind erwartet eine Impfung und ist darauf vorbereitet, dass es einen kleinen Schmerz spürt. Und es erwartet wohl auch, dass die Mutter oder der Vater helfen und trösten. Mit einem zuversichtlichen Gesicht. Fatal, wenn ein Elternteil dann lieber das Sprechzimmer verlassen möchte, weil es »das« nicht mit ansehen kann. Häufiger lassen sich Eltern auch so vernehmen: Wenn du jetzt geimpft wirst, dann ist es gut dafür, dass du nicht krank wirst.

Es fiel schon Herrn *Jenner* 1796 schwer, seine erwachsenen Zeitgenossen vom Nutzen dieser Prozedur zu überzeugen, als er die Impfung gegen Kuhpocken einführte. Für ein kleines Kind auf dem Untersuchungstisch scheint der Nutzen der Erklärung umso fraglicher. Erführe es nicht mehr Unterstützung aus dem Gesicht der Mutter oder des Vaters als aus erklärendem Text? Aus einem klärenden Gesicht und entsprechenden Gesten, die sagen: So, wie es jetzt ist, ist es in Ordnung. Ich weiß, dass es für dich gut ist, und du kannst dich in deinem Unverständnis auf mich verlassen. Solange du selbst noch nicht durchblickst, treffe ich diese Entscheidung stellvertretend für dich. Dann hat es für ein Gespräch über den immunologischen Zusammenhang zwischen der Gabe eines Antigens und der entsprechenden Antikörperreaktion noch einige Jahre Zeit.

Würde ein Erwachsener bei einer Impfung wie manches Kind reagieren und »Theater« machen, würde er höflich gebeten werden, sich zu besinnen und wiederzukommen, wenn er sich der Impfung gewachsen sehe. Ein Kind dagegen kann sich darauf verlassen, dass es widerborstig und widerspenstig sein darf und dass trotzdem das Richtige geschieht. Dass es sich »saumäßig« benehmen darf und trotzdem Menschen da sind, die fürsorglich genug sind, das Richtige geschehen zu lassen. Es geht um diese bergende, kindliche Welt, in der erwachsene Menschen sich kümmern. Darum ist die Unterstützung durch die Eltern so wichtig. Nun gibt es Eltern, die wirklich von Ohnmachtsanfällen bedroht sind; da ist es nur vorteilhaft, sie hinausgehen zu lassen. Wünschenswert ist aber, dass sie sich an der schwierigen Situation beteiligen und nicht nur die Sonnenseiten des Lebens begleiten. Psychologen sprechen von der *Spaltung* in *die gute und die böse Mutter,* wenn die Mutter einerseits für den Nachtisch und andererseits für die Durchfalldiät zuständig ist. Für das Kind ist es eine existenzielle Erfahrung, dass beide ein und dieselbe Person sind. Und noch mehr: So wie die gewährenden und verweigernden, die angenehmen und unangenehmen Seiten einer Mutter zusammengehören, genauso darf sich auch das Kind selbst mit guten und bösen Anteilen behaftet sehen. Das Zusammenführen dieser *negativen und positiven Aspekte* ist eine wichtige Reifungsleistung, die eigentlich unverzichtbar, aber leider auch umgehbar ist.

Die Grundlektion könnte auch lauten: Es geht nicht um ein Entweder – Oder, sondern um ein Sowohl – Als auch. Jeder hat seine guten und schlechten Seiten, seine lieben und bösen, seine erwünschten und unerwünschten. Die Eltern haben nicht nur eine Schokoladenseite. Und es ist nicht so, dass ich immer richtig liege und der andere immer falsch.

So sorgen nicht der Arzt oder die Helferin dafür, dass die Impfung stattfindet, sondern die Mutter bzw. der Vater. Das machen sie klar. Die Erklärung hieße dann: Ich helfe dir, weil es gut für dich ist, weil das in Ordnung ist, weil ich das für richtig halte, weil ich das möchte, weil ich das will, weil es sein muss, auch wenn du es noch nicht verstehst. Die Entscheidung zur Impfung wird dem Kind abgenommen. Aber es darf entscheiden, in welchen Arm geimpft wird. Und ob ein Pflaster nötig ist.

In der Erwachsenenrolle bleibt Eltern nicht erspart, auch mal zu sagen: Zack, so ist es, so wird es gemacht, Feierabend! So sehr ein Kind dann auch protestieren mag, so unwiderlegbar bekommt es etwas Lebensnotwendiges zu spüren: Elterliche Stärke, aus der heraus diese mit Klarheit und Sicherheit die wichtigen Entscheidungen treffen. Und darin findet das Kind Schutz, seinen kindlichen Raum. Wenn es brennt, sind die schützenden Hände wichtiger als alle Worte.

Wenn es brennt, sind die schützenden Hände wichtiger als alle Worte.

Nun soll nicht der Eindruck entstehen, dass Befehlen die bessere Alternative zum Erklären wäre. Das Erklären hat jedoch – möglicherweise als Antwort auf die autoritäre Erziehung (»Meine Eltern haben nur rumkommandiert«) – einen Beliebtheitsgrad erreicht, der die kindliche Auffassungsgabe oft übersteigt. Auch wenn ein kleiner Schlaumeier die Bewunderung und den Stolz seiner förderbewussten Eltern genießt, liegt in der *verklärten* Erklärung die Gefahr, die immer lauert, wenn man etwas besser machen will: das Zuviel des Guten. Selbst technisch hochbegabte Kleinkinder sind mit einer Dampfmaschine überfordert – »Dat krieje mer späta«. Sie müssen sich noch am Basiswissen abarbeiten, am Handwerklichen, am Sensorischen, d. h. an den Sinnen des Fühlens, Schmeckens, Riechens, Sehens und Hörens. Nicht am Fernsehschirm lernt ein Kleinkind den Unterschied zwischen Tür und Fenster, sondern beim Krabbeln über eine Türschwelle. Um kleine Buchstaben zu zeichnen, bedarf es einer fein abgestimmten, isolierten Fingerbeweglichkeit; jüngere Kinder können diesen Impuls noch gar nicht steuern, ohne Teile des Armes mitzubewegen. Wenn es dann so weit ist, lernen Buchstaben sich sicherer durch das Führen eines Bleistiftes als durch Drücken der Tastatur. Anforderungen wie eben auch Erklärungen müssen alters- bzw. entwicklungsbezogen sein. Mit drei, vier Jahren beherrscht ein Kind, wenn es mit dem Dreirad oder Laufrad fährt, noch nicht die Trennung von Blickrichtung und Motorik, und beim Drehen des Kopfes wird es immer die Hände und den Lenker mitnehmen. Aus der Größenveränderung eines herannahenden Autos kann ein Kind frühestens mit etwa acht Jahren auf dessen Geschwindigkeit schließen. Vorher ist es mit feinsinnigen Erklärungen klar überfordert. Da bleibt nur zu sagen: Du gehst über keine Straße ohne Begleitung und am Zebrastreifen erst, wenn das Auto hält.

Kinder lernen nicht aus Lehrbüchern. Sie lernen spielerisch. Learning by Doing – *spielend leicht*. In Rollenspielen probieren sie, groß zu sein. Die Puppe muss sich anhören, was von den Erklärungen der Erwachsenen angekommen ist. Und im Garten geht *Sohnemann* mit dem Papa nicht spielen, sondern *arbeiten*, weil sich im *Mitmachen* der Sinn der Arbeit selbst erklärt, *sich einspielt*. Ohne große Erklärungen, aber mit verklärtem Gesicht. Noch haben die Pflanzen keine lateinischen Namen; aber ein künftiges

Interesse daran dürfte sich – so *geerdet* – leichter einstellen.

Der Königsweg des Lernens ist die Aneignung von Wissen durch Handeln: das Begreifen. Und aus dem Wissen muss Gewissen werden – dann ist es Bildung.

Selbst Kinder, die unermüdlich »Warum?« fragen, wollen nicht mehr wissen, als sie verstehen können. Auch wenn sie nicht aufhören, zu fragen, bis den Eltern nichts mehr einfällt. Darin drückt sich aber keine Nähe des Kindes zu existenziellen Fragen aus, sondern die Verlegenheit der Eltern. Diese entspringt dem Bemühen, alles erklären zu wollen, wenn nicht gar zu müssen. Eben zu viel des Guten. Es ist für viele Eltern nicht leicht, das zu akzeptieren, da die Betonung des Kognitiven, das Fördern der geistigen Kräfte, das Herauskitzeln der besonderen Begabung oft mehr Anerkennung finden als emotionale und soziale Kompetenzen, d. h. Selbstgewissheit und gute Manieren.

Es gibt noch einen Aspekt. Wer seinem Kind jede Regel erklärt und jeden Wunsch begründet, der hat doch insgeheim die Hoffnung, dass das Kind ein eigenes tiefes Verständnis für die Situationen entwickelt. Und dann aus eigener Einsicht handelt. Dies ersparte den Eltern das Eingreifen, das ihnen wie ein Übergriff vorkommen mag. Einsehbar ist, dass ein Kind mit dieser *höheren Sicht* in der Regel überfordert wird. *Uneinsichtigkeit* ist dann kein Zeichen von Verweigerung, sondern von mangelndem Verstehen:

Ich habe dir doch erklärt, dass das stört, dass das weh-tut, dass ich das nicht mag, dass du das nicht darfst, dass man das nicht tut … Hast du immer noch nicht verstanden? Korrekterweise müsste es eigentlich lau-ten: Ich hatte recht die Hoffnung, du würdest es mir ersparen, aufzustehen und einzugreifen und zu sagen, »Nein, so nicht, hör sofort auf damit«.

Es mag auch Bequemlichkeit geben; meistens jedoch sind solche Eltern in dem Wunsch befangen, nicht direktiv und konfrontierend, sondern charmant und elegant ihr Kind vom Richtigen zu überzeugen, wenn sie zu viel reden oder im falschen Moment erklären. Ein Kind lernt aber nicht durch einen frühen Zu-gang zum Erwachsenenwissen, sondern in der Situ-ation und den darin stattfindenden Deutungen und Weisungen, den *Zurechtweisungen*; unmittelbar und vorzugsweise durch die Eltern. Eltern, die immer alles erklären, haben Kinder, die nicht immer alles verstehen. Und die schnell kleinlaut und sprachlos werden. Weil sie sich *unverständig* vorkommen müs-sen. Denn an ihren Eltern und daran, dass deren Wünsche und Forderungen berechtigt und angemes-sen sind, können sie nicht zweifeln. Dann schämen sie sich eben. Das ist pädagogisch wenig wertvoll. Es will oft nur so scheinen.

Auch wenn es nicht brennt, bedarf es schützender Hände. Die biologische Reife muss bedacht sein, wenn Erwachsene Kindern etwas erklären. »Pädago-gisch wertvoll« zu handeln, ist auch möglich, ohne die Watte des *Sich*-Erklärens rauszuholen. Pädagogisch ge*halt*voll kann sehr einsilbig sein.

**Pädagogisch gehaltvoll kann
sehr einsilbig sein.**

30
Ich will ja nicht nur meckern
Vom richtigen Ton und vom Verdünnen

Abendliche Zubettgeh-Szenen bieten sich für Wiederholungsrituale an. Und sind in der immer gleichen Gefahr, dass am Ende getröstet werden muss. Statt in den erträumten freien Stunden auf dem Sofa landet die Mutter dann doch im Bett des Sprösslings: »Jeden Abend das gleiche Theater.«

Berufstätige Alleinerziehende und Paare, bei denen beide Partner berufstätig sind, sind besonders gefährdet, sich dagegen nicht wehren zu können. Verständlicherweise sind sie oft besorgt, das Kind könne zu kurz kommen, habe zu wenig von seinen Eltern. Die Abende sind der Zeitraum, der für Gemeinsamkeit bleibt. Aber Schlaf muss sein. Und dann beginnt die Trödelei, Durst stellt sich ein, die Toilettengänge häufen sich: »Ständig fällt ihm was Neues ein, er bleibt einfach nicht im Bett.« Wegen des schlechten Gewissens ist die Reaktion der Eltern darauf nur halbherzig. Das Zubettgeh-Zeremoniell spielt sich ein; ein Spiel mit Meckereinlagen zwar, aber es verschafft dem Kind eine abendliche Zugabe an Aufmerksamkeit und Kontakt. Es darf glauben, die Eltern seien damit einverstanden. Bis irgendwann das scheinbar Spielerische umschlägt ins Bedrohliche: »Wann hört das endlich auf? Wie lange willst du uns noch jeden Abend mit diesem Theater nerven?«

Hierbei wird wieder der Bote mit der Botschaft verwechselt. Die Eltern haben mitgespielt, ohne es zu merken. Dadurch haben sie das Kind für ein eigentlich nicht erwünschtes Verhalten belohnt. Am Ende nervt der Bote, wenn Eltern diese Botschaft der Belohnung nicht verstanden haben.

Es geht darum, es gar nicht so weit kommen zu lassen, keine falschen Belohnungen mehr zu geben. Statt sich zum Umdrehen der Kassetten immer wieder ins Schlafzimmer rufen zu lassen, reicht vielleicht die Anweisung, Löcher in die Dunkelheit zu gucken oder nach alten Versen und Liedern im Gehirn zu forschen. »Einschlafen kann ich nicht für dich; üb das mal allein.«

Die Verdünnungsmethode ist eine erfolgversprechende Brücke, dem Kind Erfolgserlebnisse zu ermöglichen. So wie man bei Kindern, die ihren Schnuller nicht aufgeben wollen, das Loch im Schnuller allmählich größer macht, um den Lusteffekt des

Saugens zu verringern, so lassen sich die Beziehungs-angebote, d. h. die Hilfsangebote, runterdosieren. »Ich komme noch einmal in drei, in fünf, in zehn Minuten ins Zimmer.«; »Ich halte die Tür ganz, halb, einen Spalt auf.« Verführerisch ist für Kinder auch, beteiligt zu werden. »Sollen wir erst vorlesen oder erst die Zähne putzen?«; »Soll ich dir Bescheid sagen oder willst du selbst auf die Uhr achten?«; »Möchtest du zehn Minuten Zeit haben fürs Bettfertig-Machen oder lieber zwanzig Minuten?«

Und weil das nicht immer auf Anhieb klappt, gilt es, darauf zu achten, dass man sich nicht wiederholt, sich allenfalls mühsam andere Formulierungen ab-ringt. Und das man nicht zu viel redet, nur das Nö-tigste. Und das ganz, ganz freundlich. Mit Stärke und Wärme. Denn es geht nicht um Sieg und Niederlage, sondern um eine Einigung. Mit Großzügigkeit, Be-harrlichkeit und Wohlwollen beweisen Eltern mehr Autorität als mit kategorischer Härte und heftigen Gefühlsausbrüchen. Statt »nicht so« ist oft ein »erst so, dann so« möglich, Probieren ist erlaubt.

Diskutiert wird – wenn überhaupt – später. Am nächsten Tag vielleicht. Der Abend aber muss ver-söhnlich enden. Denn um sich dessen zu vergewis-sern, wird das Kind garantiert noch ein letztes Mal erscheinen, weil es in *Verstimmung* keinen Schlaf fin-den kann.

> **»Einschlafen kann ich nicht für dich; übe
> das mal allein.«**

31
Darf ich zwischen euch?

Vom Dreieck Mutter-Vater-Kind

Wenn Mutter, Vater und Kind jeweils die Ecke eines Dreiecks besetzen, dann gibt es eine Verbindung der Mutter zum Kind und eine des Vaters zum Kind. Die frei bleibende Dreiecksseite steht für die Beziehung zwischen Mutter und Vater. Das Kind ist an dieser Beziehung nicht beteiligt. Aber es nimmt sie natürlich wahr. Und welche Eltern haben nicht die Erfahrung gemacht, dass das Kind an der Zärtlichkeit, die Mutter und Vater austauschen, Anteil haben möchte: »Darf ich zwischen Euch?« Und unbeeindruckt würde ein Kind dabei in Kauf nehmen, dass es die Zärtlichkeit der Eltern miteinander unterbricht. Ist nicht sogar anzunehmen, dass es einer Konkurrenz für sein eigenes Zärtlichkeitsbedürfnis vorbeugen möchte? Damit ihm nichts abgeht, versucht das Kind, kontrollierend und regulierend in die Beziehung der Eltern einzugreifen. Eine erste Begegnung mit der Eifersucht. Die Besorgnis um den Liebesentzug. Sigmund Freud sprach vom *Ödipalen Dreieck*: Der Ödipus der griechischen Sage brachte – allerdings schicksalhaft und unwissend – seinen Vater um. Das macht deutlich, wie dringend der Klärungsbedarf ist.

Die spezielle Beziehung der Eltern liegt außerhalb der kindlichen Reichweite. Spätestens beim Thema Sexualität wird das deutlich. Es wäre unrealistisch, es dem eifersüchtigen Kind recht zu machen. Da müssen Erwachsene sich abgrenzen. Auch wenn es schwer fällt. Und es fällt umso schwerer, je unsicherer sich Eltern fragen, ob dem Kind nicht Zweifel an seiner Beziehung zu Mutter und Vater kommen könnten, wenn es sich nicht *einmischen* darf. Doch gerade in dem Moment, in dem Eltern Einmischung erlauben, um möglichem Zweifel vorzubeugen, haben sie ihn schon bestätigt. Die fehlende Abgrenzung macht sie verdächtig. Die Beschwichtigung nährt obendrein beim Kind einen Alleinstellungsanspruch: Du sollst keine fremden Götter neben mir haben.

Für das Kind wird die Idee, von der Konkurrenz bedroht zu sein, dadurch realer und seine Gegenmaßnahmen werden radikaler. Es bestimmt dann zum Beispiel, wie viel eheliche Kontakte stattfinden, weil es zu jeder ihm beliebigen Zeit einen Zutritt zum Elternbett hat. Und darf dann zum Schlafen bleiben. So zahlen Eltern ihren Preis für die Vergötterung.

Aber auch ein Kind zahlt seinen Preis. Denn es wird um eine wesentliche Erfahrung gebracht.

Im Kern lautet die Erfahrung: Ich muss mir keine Sorgen machen. Ich muss nicht aufpassen und eingreifen, wenn es um mein Liebesbedürfnis geht. Ich brauche mir um meine Beziehung zu meinen Eltern keine Sorgen zu machen, selbst wenn die sich umarmen und küssen und wenn die irgendwas miteinander haben, was ich nicht einschätzen kann. Es geht mir nichts verloren. Es geht mir nichts ab. Ich kann das gut aushalten. Ich brauche nicht immer im Mittelpunkt zu stehen, ich muss nicht der Einzige sein, ich muss nicht der sein, um den sich alles dreht. Ich muss nicht kontrollieren, aufpassen und verhindern, dass andere etwas miteinander haben. Lieben und lieben lassen, leben und leben lassen. Ich kann mich in dieser Welt geborgen fühlen, ohne jeden Tag Sorge dafür tragen zu müssen, dass ich nicht zu kurz komme.

Ein solches Kind muss später in der Schule nicht in der ersten Reihe sitzen, um ständig im Blickfeld der Lehrperson zu sein, weil es sich sonst übersehen fühlt. Es mault nicht, »weil die anderen viel öfter drankommen«. Und muss deshalb nicht aus Enttäuschung und Verunsicherung herumalbern und trödeln, nörgeln und stören.

Ich muss nicht derjenige sein,
um den sich alles dreht.

32

Wir haben nie vor den Kindern
gestritten
Von Harmonie und Konflikt

Menschen haben ein Harmoniebedürfnis. Das gilt in Partnerschaften mindestens so sehr wie in Eltern-Kind-Beziehungen. Frischverliebte erträumen sich ein lebenslanges Synchronschwimmen. Eltern könnten sich als Steuerleute eines perfekt abgestimmten Ruderbootes sehen.

Gleichmaß im Boot ist lange und hart erarbeitet. Harmonie ist kein Geschenk, sondern ein Ergebnis und Erlebnis, für das immer wieder trainiert werden muss.

Auch eineiige Zwillinge streiten. Wie viel schwieriger muss es für so grundverschiedene Wesen wie Frau und Mann sein, Gleichklang herzustellen. Und auch für Kinder und Eltern gilt, dass Wünsche oft nicht unterschiedlicher sein können.

Wenn Menschen aufeinandertreffen, sind Konflikte so unvermeidlich wie schlechtes Wetter.

Harmonie durch Abwesenheit von Konflikten zu finden, muss ein frommer Wunsch bleiben. Harmonie kann sich nur durch das Bewältigen von Konflikten einstellen. Durch Herbeiführen eines Kompromisses. Nur dann, wenn unterschiedliche Wünsche und Ansichten deutlich gemacht werden, nur dann, wenn jeder seinen Hut in den Ring wirft, jeder zu seinen Wünschen steht und seine Wünsche äußert und einbringt, kann Harmonie entstehen. Wenn der eine seinen Hut nicht in den Ring wirft, dann sind die Wünsche des anderen dominierend. Und das wird sich entsprechend auswirken und zu einem Ungleichgewicht führen, das den, der seine Wünsche nicht geäußert hat, irgendwann in eine Verlegenheit bringt. Er wird sich verletzt oder gekränkt fühlen, gar wütend sein. Diese Wut erlebt er dann aber selten als Folge eigener Ängstlichkeit, seine Wünsche zu äußern, sondern eher als Übervorteilung oder Missachtung durch den anderen. Hinter der vermeintlichen Großzügigkeit steckt nämlich oft eine passive Erwartungshaltung: Du wusstest doch, was ich mir gewünscht habe. Du weißt doch, wie ich fühle und denke. Statt sie zu benennen, läßt man sich die Wünsche von den Augen ablesen. Rücksicht und Verzicht sollen doch irgendwann auch mal dankbar erwidert werden. Geschieht das nicht, wird dies als Undankbarkeit übelgenommen. Ein gern zitiertes Beispiel liefert die Geschichte vom Ehepaar und den Brötchenhälften. Jahrelang gibt er ihr die obere Hälfte und nimmt sich die untere. Anlässlich einer Auseinandersetzung sagt sie: »Und außerdem habe ich dir seit Jahren die untere Brötchenhälfte gelassen, obwohl ich sie lieber gehabt hätte.« Er darauf: »Wie viel lieber hätte ich die obere genommen, wenn ich nicht sicher gewesen wäre, dass du die lieber magst.« Stumm erfüllte vermeintliche Erwartungen enden mit einem Streit um Gerechtigkeit, um Schuld und Unschuld, jeder stilisiert seinen Verzicht zur Opfertat. Die Rolle des Unschuldigen, des Opfers ist allemal begehrter und wohlgelittener als die Täterrolle und verbirgt sich gern in der Aura der Großzügigkeit. Die vorauseilend erfüllten vermeintlichen Erwartungen des anderen mutieren zu dessen Rücksichtslosigkeit: »Ich habe nichts gesagt, *du* wolltest es ja so.« Auf diese Weise tatenlos, darf man unschuldig bleiben.

Wer sich bewegt, wer handelt, wer aus der Deckung kommt, der macht den Fehler. Täter haben einfach ein schlechteres Image, lassen sich leichter als rücksichtslos und egoistisch verurteilen. Das Opfer ist jedoch so unschuldig nicht – *passive Aggressivität* ist nur die besser beleumdete Taktik. Zur Aufrichtigkeit gehört das Handeln.

> **»Unrecht tut oft derjenige, der etwas nicht tut, nicht nur der, der etwas tut.«**
> **(Marc Aurel)**

Aus dem vordergründigen Thema Harmonie entwickelt sich so hintergründig ein Schlachtfeld. Aufgeschobene Kompromisse und ungelöste Konflikte bedeuten Krieg. Harmonie ist nur nach einem ausgetragenen Konflikt zu haben, nicht durch sein Vermeiden. Ein Kompromiss ist kein Gesichtsverlust und Sturheit ist keine Tugend. Das gilt auch auf der politischen, sogar weltpolitischen Bühne – Kooperation statt Konfrontation.

Groß ist also die Verantwortung von Eltern, wenn sie ihre Kinder konfliktfähig machen.

Kinder dürfen Zeuge dafür sein, dass das Familienleben nicht nur harmonisch verläuft und dass eine Ehe nicht nur glücklich ist. Jede Ehe kennt Streit, Stress, Verzagen und vielleicht Verzweifeln.

Was Kinder jedoch lernen können, ist, dass sie genauso wenig Angst vor Konflikten haben müssen wie z. B. vor der Trauer. Nicht nur um des Ergebnisses willen, falls die Eltern sich wieder vertragen, sondern besonders wegen des Erlebnisses. Es geht ja nicht immer um alles oder nichts.

Es ist sinnlos, nie vor den Kindern zu streiten – davon lernen sie nichts. Aus der Position des Kindes geht es nur darum: Ist der Streit bedrohlich oder nicht? Einerseits spüren Kinder sowieso, wenn etwas in der Luft liegt, sie können ja Gedanken lesen; andererseits müssen sie aus dem Versuch der Verheimlichung eines Streites den Schluss ziehen, dass es um etwas geht, das sie nicht verkraften können, das für sie bedrohlich ist. Genauso unverträglich ist es für ein Kind, wenn Eltern jedem Streit aus dem Weg gehen und damit ein falsches Bild von Partnerschaft vermitteln. Die unterschiedlichen Geschlechter sind geradezu dafür geschaffen, die Welt in verschiedenen Modellen zu sehen und sich ständig daran zu reiben. Kultur ist auch Streitkultur. Es ist normal, dass es Streit gibt, dass ein Streit endet und dass die Streitenden sich einigen und dass sie manchmal dabei auch laut werden. Und wer bemerkt, dass er zu weit gegangen ist, entschuldigt sich dafür und schließt einen neuen Vertrag. Das ist *verträglich*. Und hinterher tut es den Beteiligten sowieso leid. Nach Regen kommt wieder Sonnenschein. Und Kinder sollen weder vor dem Regen Angst haben noch davor, dass nach dem Regen kein Sonnenschein mehr kommt.

Gestresste Eltern sollten nicht so tun, als wenn nichts wäre. Reagieren sie aber ehrlich, vermindern sie Ängste und sind Vorbild. Die Details dürfen sie ihren Kindern gern ersparen. Und natürlich hat ein Streit gesittet zu sein – ein Modell der Welt, wie sie ist oder sein sollte.

Frischverliebte erträumen sich ein lebenslanges Synchronschwimmen.

33
Immer, wenn sie vom Vater kommt, weint sie
Von Rosenkrieg und Wochenendvätern

Ist es um alles oder nichts gegangen und ist die Ehe auseinandergegangen, dann bekommt das Wort »Streitkultur« eine neue Schärfe. Partnerschaft kann vergehen, aber Elternschaft bleibt. Und darum bleibt ein Rest Partnerschaft immer bestehen in einer neuen Realität: die Partnerschaft der gemeinsamen Fürsorge, das Primat des gemeinschaftlichen *Wohlwollens* für das Kind. Das zu beherzigen ist schwer, wenn der Rosenkrieg tobt. Gewollt oder ungewollt geraten die Kinder oft zwischen die Fronten der aufgewühlten Gefühle. Sie werden zum Unterpfand von Kränkungsbewältigung, zum Vehikel für Abstrafung, zum Beweis pädagogischer Untauglichkeit und anderer Unbotmäßigkeiten, zum Alibi eigener Hilflosigkeit, zum unfreiwilligen Schlachtgenossen einer Verschwörung, zum Agenten des Missbrauchs und der Vernachlässigung oder umgekehrt zum Opfer falscher Idealisierungen.

Die Aussage »Immer, wenn sie vom Vater kommt, weint sie« wird prompt und schlüssig erwidert mit dem Satz: »Immer, wenn sie zurück zur Mutter geht, weint sie.« Real sind die Tränen; die Deutungen folgen mehr den jeweiligen Vorstellungen und Wünschen der Eltern. Der Trauer oder Wut ausgeliefert, greifen sie nach allem, was die Hilflosigkeit verringert. Mit der Lupe wird das Verhalten des Ex-Partners betrachtet und bemessen, als ob man für das Scheitern der Beziehung die Gründe nachliefern müsste. Wie nie zuvor werden Gemeinsamkeiten, Abstimmungen, Verhaltens- und Erziehungsprinzipien bis hin zu Ernährungsplänen eingefordert.

Aber nicht die misstrauische Kontrolle, Bevormundung oder gar Abwertung des anderen ist die Lösung, sondern die unbedingte Aufrechterhaltung des Respekts und der Anerkennung. Die Herabwürdigung des einzigen Vaters, der einzigen Mutter ist pure Last für ein Kind. Kinder können die Trennung nur so gut bewältigen, wie es die Eltern vorleben. Sie können nicht schaffen, was Erwachsenen nicht gelingt. Ein Stillhalteabkommen der Eltern ist deshalb das Mindeste, um Kinder ihren Weg finden zu lassen. Lieber sich selbst auf die Zunge beißen, als sich im anderen verbeißen. Auch beim kleinsten ironischen Kommentar. Nie dürfen Eltern vergessen, wie verletzlich, wie mitbetroffen, wie bedroht in ihrer Selbstachtung Kinder sind, die an ihrem Vater oder ihrer Mutter eine Herabsetzung oder gar Entwürdigung miterleben müssen. »Jeder kehre vor seiner eigenen Tür.«

In der Regel sind die Rollen des Täters und des Opfers einem sehr subjektiven Standpunkt geschuldet. Fifty-fifty ist immer die bessere Ausgangsposition. Wenn es schwarz-weiß wird, dann ist etwas faul.

Besonders deutlich werden die Probleme, wenn Absprachen über den Aufenthalt beim einen oder anderen Elternteil getroffen werden. Die Frage, wie kompetent, wie zuverlässig und wie verfügbar der jeweils andere Elternteil ist – und Zweifel daran sind auch in intakten Ehen nicht ungewöhnlich –, gerät im Rosenkrieg allzu schnell in die Munitionskiste gegenseitigen Misstrauens und Herabsetzens, heftigstenfalls mit dem Vorwurf der Kindeswohlgefährdung. Welche Enttäuschungen müssen dem Kind erspart werden? Wie überfordert ist es mit der neuen Lebenssituation des Ex-Partners oder der Ex-Partnerin? Muss man die ständigen Anrufe ertragen oder muss man umgekehrt dazu auffordern, sich endlich mal zu melden? Wie viel Verwöhnung oder wie viel Verschwörung verträgt das Kind?

Ein Kind betrauert die Trennung, die Abwesenheit eines Elternteils, meistens des Vaters (natürlich ist die Rollenaufteilung umkehrbar). Aber kein Kind käme auf die Idee, im abwesenden Vater einen anderen Menschen als bisher zu sehen. Weder schlechter noch besser. Darum ist es auch nie notwendig und opportun, ihn schlechter, und ebenso wenig, ihn besser zu machen, als er bisher war und jetzt ist. Wenn er nun endlich seine Vaterpflichten besser begreift – warum eingreifen?

Wenn er sich nicht kümmert – wie hat er sich denn bisher gekümmert?

Dem Kind dient ein realistisches Bild des Vaters mehr als ein idealisiertes oder verteufelndes. Das Wissen (Wissen-Dürfen), einen wenig tauglichen Vater gehabt zu haben, verringert die Gefahr, eigene Schuldgefühle zu entwickeln (»Um meinetwillen haben sich meine Eltern so oft gestritten.«; »Wenn ich nicht so unartig gewesen wäre …«). Die künstlich aufrechterhaltene Illusion eines liebevollen, unschuldigen Vaters, der dieser nicht war, hinterließe diese Schuldgefühle beim Kind. Und die gebühren ihm am wenigsten. Und es wird trotzdem wissen dürfen, einen Vater gehabt zu haben, diesen Vater.

Und ohne Schuldgefühle kommt auch kein Kind davon, das im Schützengraben des Rosenkrieges zum Mitwisser und Mitstreiter bei einer Verteufelung gemacht wird. Zur Last der Trennung käme die noch schwerer tragbare Last der Schuld hinzu.

**Partnerschaft kann vergehen, aber
Elternschaft bleibt.**

34
Mein Sohn und ich entscheiden jetzt
zu zweit
Von Alleinerziehenden und
Stellvertretern

Durch die Trennung der Eltern wird aus einer Drei-
erbeziehung eine Zweierbeziehung. In einer einfachen Alltagssituation könnte sich die Veränderung
so erleben lassen: Die Mutter kommt nach Hause,
wirft ihre Handtasche in die Ecke und sagt: »Ach,
was war das heute für ein Tag!« Sitzt der Vater am
Tisch, blickt er auf und fragt vielleicht: »Hmm,
war's so schlimm?« Und das Kind spielt ungestört
in der Ecke. Die gleiche Situation gestaltet sich bei
Alleinerziehenden anders. Der Vater sitzt nicht am
Tisch. Bei dem Satz »Ach, was war das heute für ein
Tag!« muss sich nun das Kind angesprochen fühlen, denn da ist niemand anderes. Also bekommt es

eine Gesprächsaufforderung, die vorher eindeutig an einen Erwachsenen gerichtet war. Und das Kind wird nicht sagen: »Mama, lass nach, das ist kein Thema für mich«, sondern es wird sich so zwangsläufig wie bei einer chemischen Bindung angeregt fühlen, in eine Partnerrolle zu schlüpfen.

So versteckt die Aufforderung in dem Beispiel ist, so offen wird sie manchmal ausgesprochen: »Seit der Scheidung entscheiden mein dreijähriger Sohn und ich jetzt zu zweit, wie es weitergeht.« Die offenbare Überforderung schleicht sich hier wie Großzügigkeit und Trost ein. *Alles* wird besprochen, es wird mehr gefragt und erklärt, es wird mehr gedankt und bewundert. Die Aufwertung soll den Verlust leichter verschmerzbar machen. Dem Kleinen bleibt nur ein Kopfnicken. Aus der kindlichen Empfängerposition zu der Zeit, als die Eltern entschieden – auch zu zweit –, ist er nun zum Macher befördert worden. Aus dem Dreieck ist eine Achse geworden; zugleich wird das Kind in eine Position verschoben, die zuvor ein Erwachsener innehatte.

Nun ist aber die Situation vieler Alleinerziehender oft so prekär, dass sich die partnerlose Zeit hinzieht und mit großen Belastungen verbunden ist. Das schmiedet auf besondere Weise zusammen.

Gerade von den Söhnen alleinerziehender Mütter ist bekannt, dass sie neue Partner ganz entschieden bekämpfen können. Denn sie sehen sich schnell und nicht ohne Stolz in einer Helfer- oder gar

Stellvertreterrolle, in der Spuren von Partnerschaft mitschwingen. In kleinen, unmerklichen Schritten ließe das gesteigerte Eifersucht auf einen neuen Partner zu. Das Dreieck einer neuen Partnerschaft mit einer starken Achse zwischen Mutter und Kind und einem noch dünnen Draht zum neuen Partner wäre sehr zerbrechlich. Die zarten Bande zwischen Mutter und neuem Partner wären bedroht.

Alleinerziehende sollten sich dieses Bild der Dreiecksbeziehung immer vor Augen halten. Das Elternschlafzimmer bleibt Elternschlafzimmer. Das Kind hat sein Zimmer und sein eigenes Bett. Wenn ein Bett im Elternschlafzimmer frei ist, fällt es sicherlich schwerer, diese Trennung beizubehalten. Aber es ist notwendig – niemand soll sich später, wenn eine neue Situation eintritt, vertrieben fühlen. Nicht aus dem Bett und nicht vom Thron. Das wäre ein schlechter Start für eine neue Partnerbeziehung der Mutter. Da müsste gekämpft werden.

**» Mama, lass nach,
das ist kein Thema für mich. «**

35
Ihr mögt meine kleine Schwester
viel lieber
Von der Waage der Gerechtigkeit

Oft stellen Eltern sich selbst und – wenn sie nicht weiterwissen – auch Erzieherinnen, Lehrern und Beratern die Frage, ob das Verhalten ihres Kindes, seine Stimmungsschwankungen, sein geringes Selbstvertrauen, seine Desorganisation oder seine Empfindlichkeit noch normal seien. Ob alles noch zum Charakter oder zum Geschlecht gehöre oder zu einer Entwicklungsphase wie dem Trotzalter oder der Pubertät. Und natürlich schwingt die Frage mit, ob darin schon die Zeichen eines *ADS*, eines *Aufmerksamkeits-Defizit-Syndroms* mit oder ohne *Hyperaktivität* zu erkennen seien. Denn neben den Kernsymptomen Unaufmerksamkeit, Hyperaktivität und Impulsivität kommt oft die fehlende emotionale Kontrolle bzw. Toleranz auch beim ADS zum Tragen.

Für die Diagnose eines ADS werden hohe Anforderungen gestellt. Zu Recht, denn einzelne Steine aus dem Mosaik der Symptome lassen sich auch zu ganz anderen Bildern zusammensetzen, d. h. die in Rede stehenden Verhaltensauffälligkeiten können auch andere Erklärungen finden als die Diagnose ADS.

Verhaltensauffälligkeiten können auch andere Erklärungen finden als die Diagnose ADS.

Ein Beispiel kann das deutlich machen.

Ein liebes, kleines, braves Mädchen hat einen temperamentvollen, immer aufgedrehten, fordernden Bruder. Mag sein, dass er ADS hat, mag sein, dass er keines hat. Auf jeden Fall löst sein Verhalten bei den Eltern deutlich mehr Tadel, Einsprüche, Widersprüche, Zurechtweisungen, Korrekturen, Verbote, Ermahnungen, Eingriffe usw. aus. Täglich entleert sich ein Sack voll Kritik und irgendwann dominiert diese Kritik den Kontakt zwischen dem Jungen und seinen Eltern. Die verbleibende Zeit für ein normales Wort wird immer geringer. Natürlich verspürt der Junge das Überwiegen der kritisierenden, tadelnden, vielleicht auch misstrauischen und genervten und letztlich abwertenden Haltung der Eltern. Und vermisst zunehmend Anerkennung, Zustimmung, Freude, da den Eltern das Lachen vergeht. Auch wenn diese

Entwicklung ursprünglich vom Jungen ausging, überforderte dieser aber seine Eltern und wurde selbst zum *Leidtragenden*. Und die Spirale dreht sich weiter. Denn wenn schon keine positive Anerkennung erfolgt, dann ist negative Anerkennung immer noch besser als gar nicht wahrgenommen zu werden – im Mittelpunkt kindlichen Strebens steht die Beziehung gerade zu den Eltern. Und wenn ein Kind glaubt, vorhersehen zu müssen, dass es doch wieder getadelt wird, und nichts recht machen zu können, wenn also der Tadel zum tragenden Aspekt der Beziehung wird, dann ist doch nur zu verständlich, dass es sich tadelnswürdig verhält. Um der Beziehung willen, aber auch zur Erhaltung des Selbstwertgefühls. Ist die Rolle des Bösewichtes erst einmal vergeben, dann wird sie auch gespielt. Es ist viel verträglicher mit dem Selbstbild, die elterliche Erwartung unangebrachten Verhaltens zu bedienen, als das Risiko einzugehen, auch bei untadeligem Verhalten kritisiert zu werden – lieber blöd handeln als blöd sein. Das Kind ist in einen Teufelskreis geraten.

Auch die Eltern geraten leicht mit in diesen Teufelskreis. Weil der Junge so ist, wie er ist, muss er immer angemeckert werden. Weil er immer angemeckert wird, wird es immer schlimmer. Weil es immer schlimmer wird, wird noch mehr gemeckert.

Und dann ist da noch die kleine, brave Schwester. Nicht nur, dass mit ihr kaum mal gemeckert wird. Zusätzlich erhält sie auch noch reichlich Lob und

Zustimmung. Sie wird lieb gehabt und bringt alle zum Lächeln.

Da muss ja Eifersucht aufkommen. Und natürlich beklagt der Junge immer wieder diese Ungerechtigkeit: »Ihr mögt mich nicht, ihr habt meine Schwester viel lieber.« Und die stereotype Antwort »Das stimmt doch gar nicht, wir haben dich genauso lieb« wird verächtlich überhört.

Aber wie sollen Eltern so ungleicher Kinder sich verhalten? Sie können ihrem Sohn ja nicht alles durchgehen lassen und die Tochter nicht grundlos beschimpfen. Wie kann in diesem Beispiel Gerechtigkeit aussehen? Sollen Mutter oder Vater etwa dem Sohn, der sich zwanzigmal am Tag danebenbenimmt, und der Tochter, der es nur zweimal passiert, im Sinne der Gerechtigkeit jeweils zehnmal eine Standpauke halten?

Dieses Modell scheint zwar auf den ersten Blick abwegig, aber viele Eltern stolpern schlechten Gewissens und guten Willens allzu leicht hinein, indem sie dem verhaltensauffälligen Jungen tatsächlich das ein oder andere Fehlverhalten durchgehen lassen oder es »übersehen«. Und um keine Zweifel an der gleich verteilten elterlichen Liebe aufkommen zu lassen, wird auch schon mal ein etwas schrofferer Ton bei der kleinen Schwester angeschlagen. Aus der doppelten Schräglage kann wohl keine ausbalancierte Waage der Gerechtigkeit werden. Die kleine Schwester versteht die Welt nicht mehr, der Bruder weiß nicht, woran er ist, und muss verstärkt provozieren, d. h. versuchen, eine einheitliche Reaktion zu bekommen.

Wie aber sollte die Waage ausgerichtet sein? Die einfache Antwort heißt: Der Zeiger der Waage liegt nicht zwischen zwanzig und zwei, sondern zu jedem Kind gehören zwei Waagschalen. Nicht zwischen den Kindern, sondern für jedes einzelne Kind muss die Waage ins Lot gebracht werden. Dem Mädchen, das nur zweimal am Tag etwas anstellt, müßte man »bilanzmäßig« auch nur zweimal am Tag etwas Neutrales sagen. Dann ist das Gleichgewicht wieder da. Dann ist die Schwester nicht diejenige, die zu Unrecht angemeckert wird, und dann ist sie auch nicht diejenige, die immer nur über den grünen Klee gelobt wird. Dann ist ein bisschen Realität im Spiel. Der Sohn mit seinen zwanzig Aussetzern pro Tag braucht wiederum auch zwanzigmal eine neutrale Ansprache, und wenn es passt, auch gern ein Lob. Anderenfalls diente Kommunikation nur noch zur Abwertung. Wenn diese zwanzig neutralen Bemerkungen nicht kommen, dann vollzieht sich die ganze Kommunikation zwischen zwei Menschen überwiegend auf der negativen, kritisierenden, verweigernden und korrigierenden Ebene. Und das belastet und zerstört jede Beziehung, die Beziehung ist im Eimer, ganz gleich, ob ursprünglich ADS dahintersteckt oder nicht.

Kinder registrieren sehr genau, ob sie angesprochen werden oder ob sie nur Antworten auf Fragen erhalten.

Eine neutrale Ansprache bedeutet jedoch nicht, mit einem Strauß bunter Lobeshymnen aufzutreten, selbst für die einfachsten Dinge. Das wird nicht glaubwürdig sein. Eine neutrale Ansprache ist eine nicht korrigierende und nicht abwertende Äußerung. Es ist in jedem Fall Sprache, Ansprache und verbunden damit auch *ansprechend*. Ohne Bezug auf eine falsche Handlung zu nehmen, kann der Alltag, das Alltägliche zur Sprache gebracht werden mit kleinen Fragen, Kommentaren, Erzählungen: »Was willst du heute anziehen?«; »Was hast du heute noch vor?«; »Das sieht aber gut aus«; »Da hast du dich aber angestrengt.« Nicht nur Kinder registrieren sehr genau, ob sie angesprochen werden oder ob sie nur Antworten auf Fragen erhalten. *Gleich*würdig sein, das bedeutet, der Ansprache und des Ansehens nicht weniger würdig zu sein als andere; das bedeutet, Aufmerksamkeit zu erfahren, ohne sie selbst erwirken zu müssen. Ein Angebot ohne Nachfrage. Wenn Eltern dabei zu passiv sind, bewirken sie beim Kind vermehrt Aktivität – Hyperaktivität. Gut ist, wenn Eltern die richtigen Worte finden, auch Gefühlen einen Namen geben.

Immer richtig ist, was Lächeln und Lachen erlaubt – gern im Übermaß. Das zeugt von der Freude miteinander und aneinander, das holt aus dem Eimer raus.

» Wer Gutes tun will, muss es verschwenderisch tun. « (Martin Luther)

Eltern ist es wichtig, ihre Kinder gleich zu behandeln, keine Unterschiede zu machen, gerecht zu sein. Und selbstverständlich erleben sie täglich, wie schwer das ist. Weil gleich und gerecht nicht dasselbe ist. Weil Mädchen und Jungen so verschieden sind. Weil die Kleinen mehr Schlaf brauchen als die Großen. Weil die Zeiten sich ändern.

Für die Persönlichkeitsentwicklung eines Kindes ist sein Platz in der Geschwisterreihe überaus prägend. Mit jüngeren Geschwistern wird man schneller groß, mit älteren Geschwistern bleibt man länger klein. Die Eltern werden älter, ändern sich; die vielen Fragen, die sie sich beim ersten Kind gestellt haben, sind beim vierten Kind längst beantwortet. Das erste Kind wurde unter der Lupe groß, das jüngste Kind läuft so mit. Kurzum, die selbstzufriedene Vermutung, alle Kinder immer gleich behandelt zu haben, geht an der Wirklichkeit weit vorbei. Und glücklicherweise auch an der Notwendigkeit. Das Gleiche, das Gerechte, das ist die Gleichwertigkeit und Gleichwürdigkeit. Weil Kinder so unterschiedlich sind und weil Eltern sich dem einen Kind näher fühlen als dem andern, sich mehr oder weniger freuen und sorgen, werden Eltern immer die notwendigen Unterschiede machen müssen. Und gerade beim störrischen, beim stressenden, beim nachtragenden, beim fordernden, beim befremdenden Kind ist die größte Aufmerksamkeit gefordert, Würde und Wert nicht zu beschädigen. Der Respekt gebührt jedem Menschen gleich. Eltern können ihre Kinder nicht gleich behandeln, aber jedem Kind gegenüber mit dem gleichen Respekt handeln.

Die Worte unterscheiden sich, aber nicht die Stimme. Denn die Stimme gehört zur Stimmung und zur Gestimmtheit. Und die muss stimmen, ohne Unterschied.

Eltern sind nicht die Freunde der Kinder, aber sie sprechen mit ihren Kindern wie mit Freunden.

> *Der Respekt gebührt jedem Menschen gleich. Eltern können ihre Kinder nicht gleich behandeln, aber jedem Kind gegenüber mit dem gleichen Respekt handeln.*

36
Zum Kochen komme ich nur,
wenn der Kleine schläft
Von Stimulation und Entertainment

Schon im Kindergarten, öfter noch im Schulalter, bekommen Eltern die Empfehlung, ihr Kind wegen Konzentrationsstörungen einem Fachmann vorzustellen. Beklagt werden Unruhe, Störverhalten, mangelnde Disziplin, erhöhte Ablenkbarkeit, Sprunghaftigkeit, mangelhafte Ausdauer. Das Kind benötige ständige Aufmerksamkeit und Aufsicht, könne nichts alleine, lasse sich schwer beeinflussen, sei sogar respektlos und manchmal aggressiv. Die Schulleistungen würden darunter sehr leiden.

Natürlich soll abgeklärt werden, ob ein *Aufmerksamkeits-Defizit-Syndrom (ADS)* mit oder ohne *Hyperaktivität* vorliegt und eine medikamentöse Behandlung notwendig ist. Aber so wenig ggf. eine

Medikamentenbehandlung allein ausreichend ist, so sehr muss auch an andere Möglichkeiten der Entstehung und Behandlung gedacht werden. Denn Konzentration kann man lernen. Disziplin muss jeder erwerben, Ausdauer fällt den wenigsten leicht. Ein Fernseher z. B. ist eine sichere Möglichkeit, den Erwerb dieser Fähigkeiten zu behindern, schon gar der eigene Fernseher im Kinderzimmer. Die Fernbedienung ist geradezu ein Symbol für das Vermeiden aller Anstrengungen, die zum Überwinden der beklagten Defizite notwendig sind, auch in der Hand zappender Erwachsener.

Spötter können zwar belegen, dass die intensive Konzentration auf das Fernsehbild ungezählten erschöpften Müttern zu einem raschen Erholungsschlaf verhilft. Nichtsdestoweniger bewirkt es eben gerade bei Kindern Konzentrationsstörungen. Denn ohne Fernsehen ist man mit sich und seinen Mitmenschen öfter allein. Das fordert Geduld und Ausdauer, das konfrontiert mit Langeweile und Wartezeit. Das stimuliert eigene Ideen, regt an zu Bewegung, zum Spiel, zu Kontakt. Den einen oder anderen vielleicht sogar zum Lesen. »Mir ist so langweilig«, nörgelt das Kind, und sogleich sehen sich viele Eltern in der Rolle des Eventmanagers und Entertainers und fühlen sich verpflichtet, einen Katalog von Ideen zu produzieren: Hast du schon mal überlegt, ob du nicht dies oder das machen könntest? Wäre es nicht sinnstiftender, zu sagen: »Langeweile ist immer in einem selbst. Unterm Schreibtisch ist die Geduldschule; da kannst du üben, Geduld zu bekommen.«

Langeweile ist Zeit zum Verweilen. Da schimmert Ausdauer durch. Mit einer Fernsehpause hätten Eltern auch gleich etwas für die so begehrte Kreativität getan. Denn die erwächst jenseits der Langeweile, aus der Gelegenheit der Verlegenheit. Auf Segeltörns fangen Kinder an zu lesen, im fernsehfreien Ferienhaus entdecken sie »Mensch ärgere dich nicht«, Knobelbecher und den Tauschwert von Blumen, Steinen und Stöcken. Auch Kaugummi und Kopfhörer geraten in Vergessenheit. Das Vermeiden von Langeweile dagegen erfordert ein Angebot von Ablenkung, von Stimulation *auf allen Kanälen*, möglichst gleichzeitig schauen, hören, kauen. Da kann eine Ruhe und Geduld fordernde Schulstunde einen großen Riss im Selbstmanagement bedeuten. Wie bei der Sache bleiben, wenn man nicht ständig angesehen wird, ständig gefragt ist, Objekt nur geteilter Aufmerksamkeit ist? Wenn man gezwungen ist, Augenblicke der Leere, der Ruhe, des Wartens zu ertragen? Die Gewohnheit des Zappens, der rasch wechselnden Anregung, hat eine für Pausen und Warten wenig geeignete Hirnarchitektur geschaffen. Um wie viel mehr noch, wenn sich der Frust darüber am Computer eine Ersatzplattform sucht für die Aufrechterhaltung des bedrohten Selbstwertgefühls.

Auch ein ADS-Kind, das mit Medikamenten behandelt wird, braucht Eltern, die den Fernsehkonsum regulieren. Das ist so bedeutungsvoll, wie es schwierig ist. Ist nicht der Fernseher im Kinderzimmer angeschafft worden, weil alle anderen auch einen haben? Müssen nicht Eltern heute ihre Kinder darauf vorbereiten, sich an die sich ständig ändernden Maßstäbe und Erfordernisse, an die neuen technischen Gegebenheiten, an ein ökonomisch verengtes Gesellschaftsbild anzupassen? Stehen wir nicht alle unter dem enormen Druck, nicht informiert, nicht flexibel, nicht reaktionsfähig genug zu sein, unter dem Stress, alles Mögliche mitbekommen und bekommen zu müssen? Ob es nun im Namen der Bildung oder in Sorge um den freien Willen geschieht: Der Grundgedanke scheint doch zu sein, dass ein Kind, das sich nur so vor sich hin entwickelt, der Gefahr ausgesetzt wird, abgehängt zu werden – als sei die natürliche Entwicklung eines Kindes nicht ausreichend, als müsse sie stimuliert, angeregt und gefördert werden. Sogar die soziale Kompetenz vergrößere sich durch Teilhabe an angesagten Fernsehprogrammen, so die waghalsigste aller gängigen Begründungen. Nicht informiert zu sein, nicht mitreden zu können, führe zur sozialen Isolation.

Die Kreativität erwächst jenseits der Langeweile, aus der Gelegenheit der Verlegenheit.

Schon in den ersten Lebensmonaten wird gefördert, täglich und stündlich. Es ist nichts dagegen zu sagen, dass Eltern falsche Lagerung des Säuglings und falsches Halten vermeiden müssen. Aber es bedeutet eine sehr große Verunsicherung für die Eltern, sie glauben zu machen, dass sie ihrem Kind nur dann wesentliche Vorteile für seinen künftigen Lebensweg verschaffen, wenn sie an ihm methodisch den ganzen Tag ganz bestimmte Trainingseinheiten anwenden. Michelangelo zum Selbermachen. Eine Vorstellung von Chancensicherung, die die Nachfrage nach Ergotherapie, Logopädie und anderen Therapien stetig zunehmen läßt. So kommt ständige Besorgnis auf, nicht genug zu tun. Je heftiger Perfektion eingefordert wird, je mehr Auswertungen jeder noch so unbedeutenden Kleinigkeit die spätere Karriere bestimmen, umso früher muss der Evolution Beine gemacht werden. Fördern bedeutet dann, auf ein gewünschtes Ergebnis hinzuwirken, statt vom Gegebenen auszugehen. Aber die Gefahr ist groß, etwas zu fördern, von dem Eltern gar nicht wissen können, ob das dem Kind gerecht wird. Ansichten lassen Anlagen übersehen.

Tun wir einem Kind einen Gefallen, wenn wir aus ihm einen großen Pianisten machen, der an sich, an seinem Leben und an seinen gescheiterten Beziehungen verzweifelt, weil er in sein selbstbestimmtes Leben nicht hineinfindet? Wenn es gottgegeben ist, dann wird es den Weg zum Pianisten auch alleine finden. Und wir, stolz oder zufrieden, dürfen dann sagen: Wir sind dabei gewesen. Kinder sollten nicht klüger und besser, sondern klug und gut werden. Kompetenzen müssen geweckt und nicht geschaffen werden. Eltern müssen nichts machen, sondern da sein, dabei sein, neugierig auf die Begabungen sein. Kinder entwickeln sich von innen in der vertrauenden Umgebung; misstrauische Stimulation verkleinert den kindlichen Raum. Der aber ist groß genug für einen vorlesenden Vater. Denn dieses Vorlesen regt eine Vorstellungswelt im Gehirn an. Auch speziell für Jungen spielt es eine Rolle, ob der Vater nur am Motor schraubt oder ob er auch zum Buch greift. Und auch ist der kindliche Raum in Gestalt eines Laufstalles groß genug, wenn kochende Mütter ihr Kind vom Rockzipfel nehmen und in den Laufstall setzen – eine in der Menschheitsgeschichte nicht ungewöhnliche und die Kinder nicht überfordernde Situation. Kinder, die die Erfahrung machen, dass ihre Mütter aufhören zu kochen, weil sie Aufmerksamkeit und Unterhaltung fordern, diese Kinder werden mit ganz anderen Ansprüchen ins Leben gehen, als es wünschenswert ist. Und erwiesenermaßen wird soziale Kompetenz nicht durch die Gemeinsamkeit im Konsum von Fernsehsendungen und Chatrooms erworben, sondern durch die Verfügbarkeit realer Beziehungen und Begegnungen. Dafür fehlt aber dem Internetsurfer oft die Zeit.

ADS-Kinder sind unruhige Kinder. Zur Unruhe gehört Unsicherheit, so wie Ruhe und Sicherheit zusammengehören. Diese Kinder sind offen für Ablenkung, auch weil sie immer abgelenkt wurden. Sie suchen Stimuli, weil sie gelernt haben, die unbekannte Leere und Weile zu vermeiden. Sie suchen die äußeren Reize, weil sie ihre inneren Kompetenzen nicht kennen. Vielleicht wurden sie schon als Säugling weiter geschaukelt, auch wenn sie längst eingeschlafen waren, weil Eltern ihre eigene Unsicherheit und Unruhe nicht bemerkten. Zum Entwickeln von Geduld, Ruhe, Sicherheit, von Wartenkönnen und Konzentration bedarf es geduldiger und sicherer Eltern, die warten können. Das Kind ist Symptomträger; aber selbst, wenn eine medikamentöse Therapie des Kindes notwendig ist, sind auch Eltern beratungs- und manchmal therapiebedürftig. Denn Familie ist wie ein Verbund, in dem alle im Kreis stehen und in den Kniekehlen ein Seil gespannt halten. Und dieses Seil bleibt gespannt, wenn alle richtig stehen. Wenn sich nur einer bewegt, dann müssen die anderen sich auch bewegen, damit das Familienband hält.

Kinder sollen nicht klüger und besser,
sondern klug und gut werden.

37
Ich nehme ihn dir mal ab
Von Verwandten und Elefanten

Eine Elefantenherde folgt ihrem Leitelefanten. Das ist in der Regel die älteste, erfahrenste Elefantenkuh. Obwohl sie nicht mehr richtig mithalten kann, den Zug verlangsamt, Pausen braucht, wird sie von der Herde als Führerin akzeptiert. Die Herde weiß um den entscheidenden Vorteil. Denn die alte Dame kann mit ihren Erfahrungen die vorteilhaftesten und ergiebigsten Wege wählen. Sie weiß, wo es noch Wasser gibt. Sie verwaltet und schützt die Ressourcen der Herde optimal, vergrößert ihre Chancen. Der kürzeste Weg ist manchmal der Umweg.

Auch in Stammesgesellschaften haben die weise Alte, der Dorfälteste das letzte Wort. Ihr Wissen, ihre Erfahrung sind ausschlaggebend. Neurologen sprechen vom luziden Gedächtnis. Dagegen sind junge

Menschen mit ihrem mehr fluiden Gedächtnis anpassungsfähiger, sie lernen schneller, sind innovativer. Im Umgang mit dem Computer, dem Handy, der neuen Kamera lassen sie ihre Eltern weit hinter sich. Und sind andererseits doch um manchen Rat verlegen, wenn es weniger ums Technische als um das Erfahrungswissen, um das luzide Gedächtnis geht. Besonders beim ersten Kind ist Erfahrungswissen gefragt. Das erste Kind bedeutet für seine Eltern den letzten Schritt vom Kind zum Erwachsenen. Vom Rücksitz hinters Steuerrad, von der Reling an die Pinne. Der Fahranfänger lernt durch das begleitete Fahren. Eine bestandene Theorieprüfung allein schafft keine Übersicht, ein Sportbootführerschein keinen Kap Hoornier. Das Erfassen einer Situation und angemessenes Reagieren müssen eingeübt werden – Learning by Doing.

Fürs Erziehen braucht man keinen Führerschein. Aber Begleitung. Manchmal reicht der Griff zum Telefon, um mithilfe der Großeltern die aus Unsicherheit und Unerfahrenheit befürchteten Verdachtsdiagnosen zu widerlegen.

Je dicker die durchgearbeiteten Ratgeber waren, umso vielfältiger sind diese Verdachtsdiagnosen. Favoriten sind immer die Zähne und der Bauch. Natürlich gilt, dass manchmal auch ärztlicher Rat notwendig ist, um abzuklären, ob es wirklich Kleinigkeiten sind. Aber häufig reicht doch der Blick einer Großmutter, um eine Situation zu erfassen. »Lass mich mal sehen«, »Ich nehme ihn dir mal ab«.

Immer unter der Voraussetzung, dass eine Oma da ist – oft sind die Großeltern weit weg oder gehen eigene Wege. Das Zusammenleben mehrerer Generationen ist Ausnahme geworden. Das Erfahrungswissen reicht in die Kleinfamilie nicht hinein. Die Herausforderung wird dadurch größer. Unsicherheit wird spürbarer, Ratlosigkeit bedrängender. Beim zweiten Kind ist es schon leichter. Ein afrikanisches Sprichwort sagt: »Es braucht ein ganzes Dorf, um ein Kind großzuziehen.« Wie beim Führerschein lernen wir das Entscheidende nicht aus den Büchern, sondern aus dem Miteinander. Das Alleinsein macht es Eltern schwerer; bevor ihnen das Lachen vergeht, sollten sie hemmungslos nach allen verfügbaren Verwandten und Dorfbewohnern greifen. Aber auch loslassen können, wenn die es zu gut meinen. Hilfe muss fein abgestimmt sein; Großeltern können auch nerven. Letztlich gibt es immer noch professionelle Berater.

Keine Hilfe kann zu viel sein, keine Frage zu dumm. Klüger werden ist keine Schande.

Fürs Erziehen braucht man keinen Führerschein. Aber Begleitung.

38
Wenn Blödsein schlau ist
Von Pubertät und Geduld

Der Philosoph Jean-Paul Sartre hat einmal formuliert: »Jugend will, dass man ihr befiehlt, damit sie nicht gehorchen muss.« Die Selbstständigkeitsentwicklung, die Jugendliche in der Pubertät durchlaufen und die bei ihnen auch zu überschießenden Vorstellungen von *Autonomie* führt, bewirkt, dass sie ihr eigenes Selbstwertgefühl besonders auch in Abgrenzung zu anderen erleben. Und die, von denen sie sich am besten abgrenzen können, sind die »Alten«, zu denen sie immer aufgesehen haben. Das, was sie idealisiert haben, muss entwertet werden, damit sie sich selbst aufwerten können und damit es einen Gewinn für sie ergibt.

Eltern haben also im Zuge der Entwicklung ihrer Kinder eine entsprechend ordentliche Abwertung zu erwarten. Wie wäre Autonomie greifbarer als im Übertreffen der Eltern? Und wenn es sein muss, sind Eltern eben auch *blöd*. Keineswegs müssen Eltern jede Beleidigung hinnehmen; es gibt auch in den Umgangsformen etwas zu vermitteln. Die in der Pubertät stattfindende Umbauphase des Gehirns öffnet viele Baustellen, an denen erfahrene Eltern gebraucht werden. Aber sie müssen sich nicht dagegen wehren, blöd zu sein, denn dann machen sie es ihren Kindern nur schwerer. Und diese müssten sich etwas Heftigeres und Schrilleres einfallen lassen. Es ist viel einfacher, es bei dem einfachen Blödsein zu belassen. Eltern brauchen nur altmodisch, konsequent-folgerichtig, ehrlich und ganz sie selbst zu sein, altersgerecht. Sie sollten sich also gerade nicht dem jugendlichen Trend zum Tattoo oder Piercing anpassen, sondern – wenn es gefällt – den Beethoven auflegen. Oder auch Deep Purple oder die Beatles. Es geht nämlich um Glaubwürdigkeit und Ehrlichkeit. Die haben etwas mit Standfestigkeit zu tun, mit *gestandenen* Leuten. Und gestandene Leute lassen sich nicht umhauen, nur um nicht für blöd gehalten zu werden. Auf diese Weise sind Eltern Modell und Vorbild, gerade auch deswegen, weil sie Widerstand leisten können. Wer nicht Nein sagen kann, kann auch nicht Ja sagen. Der Jugendliche sucht nach diesem Vorbild, braucht ein Vorbild für seine Ziele, damit etwas *Anständiges* aus ihm wird. Die Anerkennung durch einen gestandenen Erwachsenen ist eine zusätzliche Motivation. Es ist die Zeit gekommen, in der auch Eltern sich mal was erklären lassen.

Das Weihnachtsfest werden die Jugendlichen bis auf Weiteres lieber zu Hause als bei der Bundeswehr verbringen wollen – trotz aller Distanz zum Althergebrachten, trotz aller geschmacklichen Überlegenheit.

Neben all dem Verträglichen, das in der Pubertät ja nicht verschwindet, ist die Provokation ein Kennzeichen der Teenagerzeit. Und Eltern dürfen elastisch damit umgehen, dürfen diskutieren und ihre Meinung auch mal ändern, Zugeständnisse machen, sich vom Reifen des Jugendlichen überzeugen lassen. Und sie müssen andererseits keine Aufkündigung der Beziehung fürchten, wenn sie grundsätzliche Positionen nicht räumen. Im Gegenteil: Ohne präsente und selbstbewusste, gestandene Eltern faserte die Beziehung auf und würde unwichtig. Im Pubertätsalter und danach lassen bei den Jugendlichen die elterlichen Einfluss- und Kontrollmöglichkeiten nach. Aber das Vorbild der Eltern, ihre Vorgaben, ihr Vertrauen, ihre Wertschätzung begleiten die Jugendlichen. Für das Wiederholen alter Instruktionen ist es zu spät; das nervt. Andererseits kann eine fehlende *Stellungnahme* wie Gleichgültigkeit erscheinen. Wo Streit ist, da ist Streitkultur. Und wo Streitkultur ist, da ist auch Toleranz, Nachsicht und Gnade.

Und dann gibt es noch die Situation, in der Eltern ihrem Kind das Neinsagen abnehmen. »In meinem Haus trinkt ihr keinen Wodka.« Der peinlich empfundene Auftritt des Vaters rettet den Sohn aus eigenen Skrupeln und schützt in der versammelten Runde der Kumpels vor Gesichtsverlust: »Ihr wisst ja, wie mein Vater drauf ist«. Der Dank und vielleicht das leise Eingeständnis, auch ein wenig stolz auf den präsenten Vater gewesen zu sein, kommen frühestens zehn Jahre später. So viel Geduld darf ein Erwachsener haben. Elizabeth Taylor, gemeinhin weniger als Pädagogin bekannt, hat auch Erfahrung mit Geduld: »Erziehung heißt, den Moment erkennen, wo man die Geduld verlieren darf.«

Die Geduld darf man verlieren, aber niemals das Vertrauen. Darauf müssen sich die Jugendlichen immer besinnen können, falls sie die Übersicht verlieren oder Probleme meistern müssen, die ihr Selbstvertrauen zu überfordern drohen. Dann ist das Wissen vom Vertrauen der Eltern so wertvoll wie ein Schutzengel.

Kinder wollen zu jemandem aufsehen, der des Ansehens würdig ist. Und sie möchten von dieser Person selbst angesehen werden, gesehen und gemeint sein, eigenes Ansehen gewinnen. Dann sagen sie ihren Eltern vielleicht zehn Jahre später: Ich wusste, dass ich mich damals schräg verhalten habe, und ich habe gehofft, dass ich euch so wichtig bin, dass ihr nicht schlappmacht.

Der Dank kommt frühestens
zehn Jahre später.

39
Soll ich mein Kind mit zur Beerdigung nehmen?
Von der Trauer

Das Thema, bei dem Erklärungen für Kinder am schwierigsten greifbar sind, ist der Tod. Der Tod ist das am stärksten einschneidende Erlebnis, das immanent unser Dasein beherrscht. Die Begegnung mit dem Tod ist erdrückend; der unwiederbringliche Verlust eines nahestehenden Menschen erscheint unfassbar, nicht aushaltbar. Und doch geht das Leben weiter, bewältigen die Menschen diese existenzielle Situation schon so lange, wie es menschliches Leben gibt. Was sie dazu befähigt, ist die Trauer. Sie hat ihren tiefen Sinn. Und sie hat ihre Zeit. Sie ist Antwort auf das Schicksalhafte des Todes und sie ist die Chance, es zu meistern.

Für viele Kinder bedeutet der Tod einen verlängerten Schlaf. Oder sie wissen ihre Eltern im Himmel als etwas Konkretes, Wartendes, Wiederkehrendes. Die kindliche Vorstellungswelt ist weit von der der Erwachsenen entfernt. Auch ihre Trauer gleicht nicht immer der der Erwachsenen. Manchmal lässt erst die Trauer der Erwachsenen sie die gewaltige Dimension ahnen, an die der Tod heranführt. Groß oder klein – die Trauer ist für alle da.

Die häufig gestellte Frage »Soll ich mein Kind mit zur Beerdigung nehmen?« zeigt, dass es schwierig ist, die Trauer mit Kindern zu teilen. Doch in ihrer ergreifenden Sichtbarkeit fordert Trauer zur Teilnahme und zum Teilen auf. Auch mit den Kindern.

Auch für ein Kind ist es wichtig und unverzichtbar, die Trauer, die Tränen und den darin geborgenen Trost zu erleben, den Menschen sich gegenseitig geben, um mit der Größe des Todes zu leben. Es gilt, die Tränen zu trocknen, nicht, sie zu verhindern. Die Teilhabe an der Trauer ist keine Befrachtung, sondern »Verarbeitung«. Die Teilnahme an der Beerdigung bedeutet dem Kind, dass es »von dieser Welt ist«, so beschaffen, dass es Trauer und Trost im Umgang mit dem Tod kennenlernen darf, wie es alle Dinge des Lebens kennenlernen muss. Nach der Zeit der Trauer erwachen die neuen Kräfte.

Das Vertrauen in die neuen Kräfte ist in der Annahme der Trauer geborgen.

Ein Kind, das dabei sein durfte, könnte dann sagen: So schlimm und so traurig das war und so viele Tränen wir vergossen haben, aber ich bin doch behandelt worden wie jemand, der damit fertig werden kann. Meine Eltern haben mir nichts vorgemacht beim Tod meiner Oma. Und sie haben sich durch meine Tränen und meine Trauer nicht davon abhalten lassen, mich auch mit zur Beerdigung zu nehmen. Und sie haben sich getraut, mir zu sagen, dass Oma nie wiederkommt. Und dass es so traurig ist, wie es ist. Und sie haben mich lange, lange trösten müssen. Aber irgendwann bin ich mit dem Tod der Oma fertiggeworden.

**Es gilt, die Tränen zu trocknen,
nicht, sie zu verhindern.**

40

Das Leben ist kein Wunschkonzert
Vom wirklich Wichtigen

Die Geschichte der Menschheit ist eine Geschichte des Überlebens. Wir alle sind Nachfahren der Überlebenden. Unsere Vorfahren haben die Eiszeit und die Pest, den Säbelzahntiger und die Inquisition, Hungersnöte und den 30-jährigen Krieg durchgestanden. Unser Erbgut verdichtet weniger die ununterbrochene Erfahrung glückseliger Wunscherfüllung als die Fähigkeit, mit nicht erfüllten Wünschen fertigzuwerden. Menschen sind in hohem Maße anpassungsfähig und durch Erfahrung gereift. Nicht auf dem roten Teppich, sondern auf der grünen Wiese, nicht auf der Piste, sondern auf Umwegen, nicht im Schlaraffenland, sondern mit Arbeit, Müh und Plag durchquert der Mensch die Zeiten.

So sind wir Menschen bestens ausgerüstet und dürfen Vertrauen in unsere Kräfte haben. Und dieses Vertrauen in unsere Kräfte ist das Wichtigste, was Eltern ihren Kindern anzubieten haben. Auch diese sind bestens ausgerüstet. Noch trainieren und probieren sie, noch überschätzen sie sich, noch brauchen sie Hilfe beim Planen, Entscheiden und beim Scheitern. Nicht das Vermeiden und Verhindern, sondern das Lösen und Meistern von Problemen macht Kinder stark.

So erwerben sie ihr eigenes Vertrauen in ihre Kräfte. Wenn ein Jugendlicher mit 18 Jahren in das Leben hinausgeht, sollte er das Vertrauen gewonnen haben, Probleme lösen und meistern zu können, Schwierigkeiten und nicht erfüllte Wünsche verarbeiten zu können. Er muss sagen können: Es gibt zwar viele Erfahrungen, die mir noch bevorstehen, die ich nicht gemacht habe, aber ich kann mich im Vertrauen auf die Lösungen, die ich bis jetzt gefunden habe, diesen Aufgaben auch mit viel Selbstvertrauen stellen; ich vertraue auf meine Fähigkeiten.

Das Erbgut ist großzügig genug, so viel Zuversicht zu rechtfertigen.

Die Schriftstellerin Barbara König hat für diese Gedanken eine wunderschöne Formulierung gefunden:

»Meine Wünsche und Hoffnungen haben sich nicht erfüllt. Das gibt mir die Hoffnung, dass sich meine Befürchtungen auch nicht erfüllen werden. Das ist wahre Lebenskunst.«

» Gewiss ist es fast noch wichtiger, wie der Mensch das Schicksal nimmt, als wie es ist. « (Wilhelm von Humboldt)

41
Wie soll das alles enden?
Von Luftlöchern und klugen Eltern

Neben Arbeit oder Schule, neben Familie und Freunden und neben der Aufmerksamkeit für einen gesunden Körper gibt es noch eine vierte Kategorie, die man auf der Rechnung haben muss: die Muße. Damit ist etwas Zweckfreies gemeint, etwas vordergründig Nutzloses, Spielerisches, dem sich der Mensch hingibt. Es kann ein Gemälde oder ein Gebet sein, ein Gedicht oder ein Gedanke im philosophischen Abseits. Und es ist die Frage nach dem Sinn des Ganzen, die sich einstellt, wenn man einem Angler zusieht oder der Wäsche beim Trocknen. Auch ist es die Gelassenheit, die man beim »Mensch ärgere dich nicht« auf die Belastungsprobe stellt. Es sind die Löcher in der Luft, die man nur sieht, wenn man ganz lange hinstarrt. Es ist die Langeweile, die das Tor zur Muße öffnet und sich in der Hingabe auflöst.

Und fatalerweise ist es die Langeweile, die dem Zeitmangel, dem Druck des Nützlichen als erste zum Opfer fällt. Die Erziehungsaufgabe von Eltern schließt aber ein, jede der oben genannten Kategorien zu achten, keine verfallen zu lassen. Nur ein zeitweiliges Verschieben ist erlaubt, wenn z. B. eine Arbeit abgeschlossen werden muss oder wenn im Urlaub nicht gearbeitet wird. Das ist eine schwere Aufgabe für Eltern, weil sie gegen den Druck der stimulationsseligen Umwelt, der leider die Schule nicht ausschließt, widerständig sein müssen. Aber wegen der Verantwortung für ihre Kinder haben sie eine konkretere Wahrnehmung davon. Ihre Sorgen und ihre Fürsorge machen sie empfindlicher. Das ist kein Versagen, sondern eine Stärke. Sie bekommen direkter zu spüren, wofür der Gesellschaft das Gespür erst allmählich erwächst. Durch ihre Kinder sind Eltern der Welt von morgen näher; ihre Verantwortung für die Zukunft trägt weiter. Sackgassen und Irrwege zeigen sich früher, Erfahrungen müssen schneller genutzt werden.

Die Rolle des Kindes in der Familie korrespondiert mit der Rolle der Familie in der Gesellschaft. Wie unter der Lupe wird im Familienleben und den Erziehungsidealen der Zeitgeist sichtbar. Und in der Familie springt der Motor an für neue Perspektiven und Chancen. Erziehungsberatungsstellen sind eigentlich Stätten der Erwachsenenbildung. Die Geburt eines Kindes ist der bedeutendste Schritt ins

Erwachsensein. Die Erziehung von Kindern ist eine großartige Chance, klüger zu werden und zu reifen.

Wird eine Gesellschaft immer kindlicher, wenn immer weniger Kinder helfen, erwachsen zu werden? Sind Kinder nicht nur für die Rentenkasse da, sondern – viel bedeutender – für den Reifegrad einer Gesellschaft? Denn reifer und kluger Erwachsener bedarf unsere Gesellschaft.

> *» Meine Mutter hatte einen Haufen Ärger mit mir, aber ich glaube, sie hat es genossen. « (Mark Twain)*

Dank sagen möchte ich Thomas Lardon und Andrea Wilke-Schwartz für die Anregung zu diesem Buch und die geduldige Ermunterung, meiner Familie für die stete Ermutigung.

Für seine großzügige »logistische« Hilfe danke ich Walter Hermann, für seine wertvollen Anmerkungen Jan P. Kempe. Nicht zuletzt gebührt den Familien Dank, die mich vertrauensvoll an ihren Sorgen und Wünschen, ihren Enttäuschungen und Hoffnungen Anteil nehmen ließen.

Eine vierfache Mutter trickst sich zum Familienglück

Hier reinlesen!

Suzanne Evans
Machiavelli für Mütter

Von der Kunst, das Familienchaos
zu beherrschen

Aus dem Amerikanischen von
Alexandra Baisch
Piper Taschenbuch, 288 Seiten
€ 9,99 [D], € 10,30 [A], sFr 14,90*
ISBN 978-3-492-30538-9

Ihre Kinder machen was sie wollen, der Ehemann ist ständig unterwegs und sie selbst hatte zuletzt vor zwei Jahren mal einen freien Abend. Da bekommt die vierfache Mutter Suzanne Evans Machiavellis Schrift »Der Fürst« in die Hände und erkennt, dass die elegante Intrige all ihre Probleme lösen könnte. Ihr nicht ganz alltägliches Familienexperiment zeigt, dass der Zweck manchmal doch die Mittel heiligt und wie sich im Auf und Ab des Familienlebens fürstlich die Ruhe bewahren lässt.

PIPER

Leseproben, E-Books und mehr unter **www.piper.de**

Der Teufel trägt Pampers

Lisa Feller

Windeln haben kurze Beine

Piper Taschenbuch, 208 Seiten
€ 8,99 [D], € 9,30 [A], sFr 13,50*
ISBN 978-3-492-30225-8

Als frischgebackene Mutter findet man sich plötzlich zwischen Babyphon, Dinkelkeksen und Feuchttüchern wieder und fragt sich, wann man eigentlich zur Milchbarbedienerin umgeschult hat. Und warum Mama sich ständig entscheiden muss: Pampers oder Party? Zwieback oder Zalando? Krabbelgruppe oder Kamasutra? Mit viel Humor erklärt uns Lisa Feller, wie man Schlafentzug, Kindergeburtstage und Gespräche über hochbegabte Kinder überlebt ...

PIPER

Die abenteuerlichen Erlebnisse einer Hebamme

Hier reinlesen!

Esther Howoldt

Von Windeln verweht

Aus dem Leben einer Hebamme

Piper Taschenbuch, 288 Seiten
Unter Mitarbeit von Christiane
Stella Bongertz
€ 9,99 [D], € 10,30 [A], sFr 14,90*
ISBN 978-3-492-30427-6

Jede Geburt ist etwas ganz Besonderes. Esther Howoldt, Hebamme und vierfache Mutter, erzählt berührende und dramatische Geschichten rund um Geburt, Schwangerschaft und Wochenbett. Ob es um die Fernsehmoderatorin geht, deren Mann den Kreißsaal für ein Filmset hält, oder um die Frau, die ihr Kind eingeklemmt zwischen Bett und Kommode zur Welt bringt – die Autorin ermöglicht einen ebenso unterhaltsamen wie staunenswerten Einblick in den Alltag einer Hebamme.

PIPER

Leseproben, E-Books und mehr unter **www.piper.de**

Wie die Vergangenheit uns bindet und lenkt

Hier reinlesen!

Sandra Konrad

Das bleibt in der Familie

Von Liebe, Loyalität und uralten Lasten

Piper Taschenbuch, 304 Seiten
€ 9,99 [D], € 10,30 [A], sFr 14,90*
ISBN 978-3-492-30530-3

Jede Familie hat ihre hellen und ihre dunklen Seiten. Wir alle sind geprägt von den Erfahrungen unserer Eltern und Großeltern und so ziehen sich Konflikte, Verletzungen und Geheimnisse oftmals wie ein roter Faden durch mehrere Generationen. Sandra Konrad zeigt, wie lohnenswert die Auseinandersetzung mit der familiären Geschichte ist. Denn je mehr wir über unsere Familie wissen, desto eher können wir uns aus den alten Fallstricken befreien und ein selbstbestimmtes und glückliches Leben führen.

PIPER

Leseproben, E-Books und mehr unter **www.piper.de**

Teenager besser verstehen

*Cover- und Preisänderungen vorbehalten

Barbara Strauch

Warum sie so seltsam sind

Gehirnentwicklung bei Teenagern

Aus dem Amerikanischen von
Sebastian Vogel
Piper Taschenbuch, 336 Seiten
€ 9,99 [D], € 10,30 [A], sFr 14,90*
ISBN 978-3-492-30529-7

Die Wissenschaft irrte, wenn sie bisher annahm, die entscheidenden Hirnstrukturen seien bei Teenagern bereits fertig ausgebildet: Das jugendliche Gehirn ist eine einzige Baustelle. Strauch illustriert die neuesten Entdeckungen an zahlreichen Fallbeispielen. Wir erfahren etwa, warum Teenager mehr Schlaf brauchen oder warum sie so leicht in Depressionen verfallen. Strauchs Buch bietet Eltern Hilfe – mit fundierten Informationen über das, was in den Gehirnen ihrer Sprösslinge vorgeht.

PIPER

Leseproben, E-Books und mehr unter **www.piper.de**

Dieses Buch wird Ihr Leben verändern

*Cover- und Preisänderungen vorbehalten

Mireille Guiliano

Warum französische Frauen nicht dick werden

Das Geheimnis genussvollen Essens

Aus dem Amerikanischen von
Werner Löcher-Lawrence
Piper Taschenbuch, 288 Seiten
€ 9,99 [D], € 10,30 [A], sFr 14,90*
ISBN 978-3-492-30465-8

Ah, Paris! Sie sitzen in einem Café auf einem der breiten Boulevards, essen eine Brioche und trinken eine Café au lait, oder Sie genießen ein kühles Glas Champagner – wundervoll! Ist Ihnen schon aufgefallen, wie gertenschlank die Französinnen bei diesem Lebensstil bleiben? Wie machen sie das bloß? Et voilà! Endlich wird das Geheimnis gelüftet: Mireille Guiliano, wohnhaft in Paris und New York, weiht uns ein in die Kunst genussvollen Essens und Trinkens, ohne dick zu werden.

PIPER

Wie erkenne und nutze ich meine Chancen?

Hermann Scherer

Glückskinder

Warum manche lebenslang
Chancen suchen – und andere sie
täglich nutzen

Piper Taschenbuch, 240 Seiten
€ 9,99 [D], € 10,30 [A], sFr 14,90*
ISBN 978-3-492-30280-7

Der Fisch springt nicht an den Haken und das Reh läuft nicht vor die Flinte. Genauso will auch die Chance gejagt sein. Statt darauf zu warten, dass ihnen das Gute in den Schoß fällt, setzen Glückskinder ihre Chancenintelligenz ein: die Fähigkeit, Chancen zu erkennen und zu nutzen – und zwar die richtigen! Klingt banal? Warum sind wir dann nicht alle Glückskinder? Hermann Scherer erzählt von Menschen, die Chancen in scheinbar unbedeutenden oder gar ausweglosen Situationen gesehen und ergriffen haben.

PIPER

Leseproben, E-Books und mehr unter **www.piper.de**